主　编　杜越华　孙　键
副主编　王　寰　钱俊妮　鞠佳宁

多语学习启示录丛书

梦开始的地方

——上外附中多语种毕业生
　　回忆录

上海外语教育出版社
SHANGHAI FOREIGN LANGUAGE EDUCATION PRESS

图书在版编目（CIP）数据

梦开始的地方：上外附中多语种毕业生回忆录 / 杜越华, 孙键主编；王寰, 钱俊妮, 鞠佳宁副主编.
上海：上海外语教育出版社, 2024. -- （多语学习启示录丛书）
ISBN 978-7-5446-8266-4

Ⅰ. K820.7
中国国家版本馆CIP数据核字第202423R3N5号

出版发行：**上海外语教育出版社**
（上海外国语大学内） 邮编：200083
电　　话：021-65425300 (总机)
电子邮箱：bookinfo@sflep.com.cn
网　　址：http://www.sflep.com
责任编辑：高楚凡　董　新

印　　刷：上海新华印刷有限公司
开　　本：710×1000　1/16　印张 17.5　字数 219千字
版　　次：2024年6月第1版　2024年9月第2次印刷

书　　号：ISBN 978-7-5446-8266-4
定　　价：59.00元

本版图书如有印装质量问题，可向本社调换
质量服务热线：4008-213-263

本书编委会

主　编：杜越华　孙　键

副主编：王　寰　钱俊妮　鞠佳宁

编　委：殷　莹　张佳佳　陈舒君

　　　　冯秉夏　钱　佳　王玥悦

　　　　许亦寨　杨思静　张晓炜

　　　　许福德　赵丙申　穆兆左

　　　　胡坚明　陆　莹

20世纪60—80年代学生宿舍内部

20世纪60—80年代学校大门及门卫室

20世纪60—80年代校舍

20世纪60—80年代学校

20世纪60—80年代学生宿舍

20世纪90年代学校大门

20世纪90年代教学楼及篮球场

20世纪90年代位于校内的
上海外语教育出版社大楼

20世纪90年代教学楼

2023年改建后的教学楼

2023年改建后的教室

2023年学校大门

2023年2号教学楼

学校鸟瞰图（西边）

2023年艺术中心、足球场及食堂

学校鸟瞰图（东边）

2023年小花园

2023年教学楼内部走廊

序言

记得一位退休的老师曾经在学校的资料室里指着一个斑驳的实木桌和几把破旧的椅子动情地对我说:"你不要觉得这套桌椅破旧,它们可是见证学校历史的物件,它们见证了我们学校从建立到现在的历史,也参与了学校很多重大的会议与决策……"

每个学校都有自己的历史,也都有属于自己的辉煌,也有许多知名的有成绩的校友。但是一个学校能把自己的办学目标与国家的发展战略对接,与国家的外事外交事业紧密相连,这在中学中不能说是绝无仅有,也是凤毛麟角的。

对于这样一个学校的历史可以有许多叙述的角度,那套斑驳的桌椅是其一;无数个令人自豪的奖杯奖状是其一;无数个不同学科的拔尖人才是其一。但最生动、最鲜活的恐怕是学校毕业生对母校亲切的回忆,他们的回忆不是枯燥的数字,不是简单的履历,而是饱含情感的校史,是对母校的留恋,是对恩师的怀念,也是对那段曾经激情燃烧的岁月的缅怀与致敬。

不仅今天的学生,就是很多青年教师也很难体会,更不要说去切身感受我们的教育先辈与当年的学子是在怎样艰苦的条件下,克服了"九九八十一难"去学习外语的,而且还是学习英、日、俄、法、德、西等多个语种。

诸多校友给我们生动地描绘了当年的老师为了让学生能学习到纯正的外语所克服的困难和所采取的各种巧妙办法。春秋时代楚国人用

"筚路蓝缕，以启山林"来描述先辈创业的艰辛，"不忘来时路，方知向何行。"从这些校友充满深情的回忆中，我们能管窥到当年学校先辈崇高的风范，它是这个学校最宝贵的精神之钙、思想之基和力量之源。

"君子不怨天，不尤人。"在当年一穷二白的条件下，上外附中的师生发扬"天行健，君子以自强不息"的精神，铁肩担道义，完成了国家交给的使命。知史是为了镜鉴现在，也是为了洞烛未来。写这些文章的"学长们"是有着高度的历史主动与极强的历史自觉的，他们以"先进于礼乐"的经验与"有以见天下之赜"的锐见给了今天的学子很多有益的方向的指引，既有"道"的大势分析，又有"术"的操作技巧。

校友们为我们树立了"木铎"，在一篇篇文章中我们见到了可敬又可爱的一代代上外附中学子为了"服务祖国发展、服务人类进步"，在诸多领域都做出了杰出的贡献。这里既有"中国人是不吃这一套的"如黄钟大吕的新时代中国强音，也有对学弟学妹们的殷殷期盼与和风细雨的谆谆叮嘱。从这个角度上来说，这既是一本回忆录，也是一本启示录——启示着我们珍惜当下、追求梦想、创造未来、服务祖国，继承上外附中"自强、至诚、志远"的校训并把它发扬光大。

学生时代也许有遗憾，有泪水，但这些也只能说是美中不足而已，更多的是美好与激情。每个时代学生的兴趣点、玩的游戏、一些只有学生才懂的暗语或许不同，可是对知识的渴求、对真善美的向往、对祖国的深情则是不变的。从本书中我们可以看到一甲子以来中国不同时代的学生的精神风貌，那些曾经某个时代的学生也可以在这本书中找到自己的影子。

我们为学校能培养出这些优秀的学子而自豪，对他们为祖国和人民贡献的热血与青春致以敬意，也为他们对母校的情谊而万分感动，更对他们在百忙之中拨冗写这些感人至深的回忆文章表示感谢。

本书的出版获得"上海市—上海外国语大学关键语种人才早期培养项目"的支持。除了要感谢校友们对学校令人动容的情感外，还要感谢的是项目组孙键、王寰、钱俊妮、鞠佳宁几位老师，以及上海市教师教育学院的关键语种教研员郭侃亮老师，是他们的督促与协调使得本书的出版得以更快地推进，还要感谢上海外语教育出版社孙玉社长、总编办高云松主任、综合事业部张春明主任，以及高楚凡、董新两位编辑，是他们的专业指导使本书得以由构想变为现实。

上外附中参与此次项目的课程发展中心（殷莹、张佳佳）、关键语种教师团队（陈舒君、冯秉夏、钱佳、王玥悦、许亦寨、杨思静、张晓炜）、图书馆（许福德）、校友会（赵丙申、穆兆左、胡坚明、陆莹）的诸位老师承担了联系校友、组织稿件等各项具体工作。上海外国语大学的部分学生（李宁馨、姜怡安、佘天仪、蒋吉衣、金婕、张怡凡、李佳儒）为了使稿件完善参与了繁重的访谈工作，在此对他们的辛勤付出一并感谢。

《红楼梦》为书则一，从书中看，红楼梦中事除了石头上所记的，大观园中一草一木、一花一叶所曾经的，最令人期待的言说则是惜春的那个在前八十回中未完成的画，这个画也许是红楼梦故事最生动的阐述。当我看到这本校友回忆录时，莫名地想到了这个事，觉得这本回忆录可以为学校一甲子的发展成果提供一个最完美的诠释，给上外附中的过去、现在与未来画上浓墨重彩的一笔。

本文集所收文章先按作者所学语种归类，各语种按在上外附中的开设时间先后排序；各语种内的文章再按作者毕业年份从先到后排序，同一届的作者按姓氏拼音排序。

杜越华
2023 年 12 月

目录

- 序言 / 杜越华 15

■ 法语

我与上外附中的不解之缘 / 周林飞 3
附中——我四十二年外交生涯的起点 / 杨 民 6
学好多种语言有助你认知丰富多彩的世界 / 江 波 12
新的历史交汇期，新一代附中人路在何方？/ 邢国樑 15
在附中与法语结缘 / 金忠萍 19
跬步至远：外交工作的起点在上外附中 / 王红坚 22
深耕法语：从学习者到教育者 / 陈 伟 26
"多语种+"——从附中向世界 / 蔡 倩 30
大胆尝试，保持好奇 / 杨 琳 34
Merci 附中！/ 郑 锋 38
白驹过隙，此情悠悠——贺母校60周年校庆 / 朱 燕 42
法语与我 / 蒋航天 44
学习语言，打开新世界的大门 / 王艺霖 47
说出勇气 / 任时弘 51
从童年梦想到瑞士交流：我与法语的不解之缘 / 张悦嘉 54

德语

我的附中德语情结 / 刘少康　59

结缘德语六十载，回首感念母校情 / 王广成　64

我与德语的一生之缘 / 张建英　68

培养精语言、通领域、融中外的区域国别人才——兼谈上外附中学习经历的心得体会 / 郑春荣　73

梦想和人生开始的地方 / 陈壮鹰　77

再回首，感激依旧 / 强祯蔚　81

我们学习语言是为了什么？/ 高倩蓝　86

"神仙学校"，很幸运我们都曾是其中一员 / 王鸣菲　92

附中记忆：德语之旅与成长印记 / 应　豪　95

德语丰富了我的人生选择 / 陈宇岭　98

语言不仅是工具，更是文化和思维 / 吴曦白　101

语言学习者是窗口上的人 / 王　炜　105

我的附中回忆和教师之路 / 周　方　109

多一门语言，就是多一个角度去看世界 / 王辛佳　114

语言塑造性格 / 舒增瑛　119

始于语言，陷于文化，忠于好奇 / 赵雯婷　122

语言是一块"敲门砖" / 张喆骏　126

德国之路 / 桂　铭　130

西班牙语

从部队骨干到信息化使者 / 王海华　135

学习语言，与全世界对话 / 徐婉清　142

附中七年：我的青春修炼场 / 胡强波　146

青春懵懂时与西语相遇 / 姚沁宇　151

■ 俄语

学好语言，成为未来国际传播人才 / 赵嘉麟　157

附中和我的奇妙缘分 / 朱晴宇　161

向外探索，向内生长 / 徐　婷　166

附中是我们心中永远的家 / 王　锋　170

我和俄语的相互选择 / 杜韵莎　173

青春无问西东，岁月自成芳华 / 徐梦婷　177

俄语：为我打开贸易之门的钥匙 / 胡　申　181

以语言为基石，迈向国际舞台 / 倪文卿　185

附中和俄语带给我的…… / 潘水石　189

与俄语"双向奔赴" / 张九羿　193

■ 日语

附中岁月：有点甜 / 周国荣　199

命中注定与日语有缘 / 徐　旻　203

用语言理解世界，用知识认知未来：附中开启精彩人生 / 余立越　207

语言为桥，沟通中外与未来 / 裘炜仁　211

在成长的过程中领会语言学习的意义　任梦怡　215

附中赋予我的…… / 张　灵　219

以语为媒，以法为业 / 朱顺德　222

日语学习对我的帮助 / 张晗俊　225

小语种和金融——我的国际化之路 / 张　怡　229

从附中出发，踏上对外交流之路 / 蔡瑞珺　233

在自己热爱的赛道上找到价值 / 陶　婕　236

从听见到听懂 / 任乙文　241

附中七年，编织我的"宝藏口袋" / 周轶豪　244

附中给予我的自由与选择 / 季诗侬　248

附中为我埋下"世界"的种子 / 赵　雨　252

■ 附记 / 孙键　258

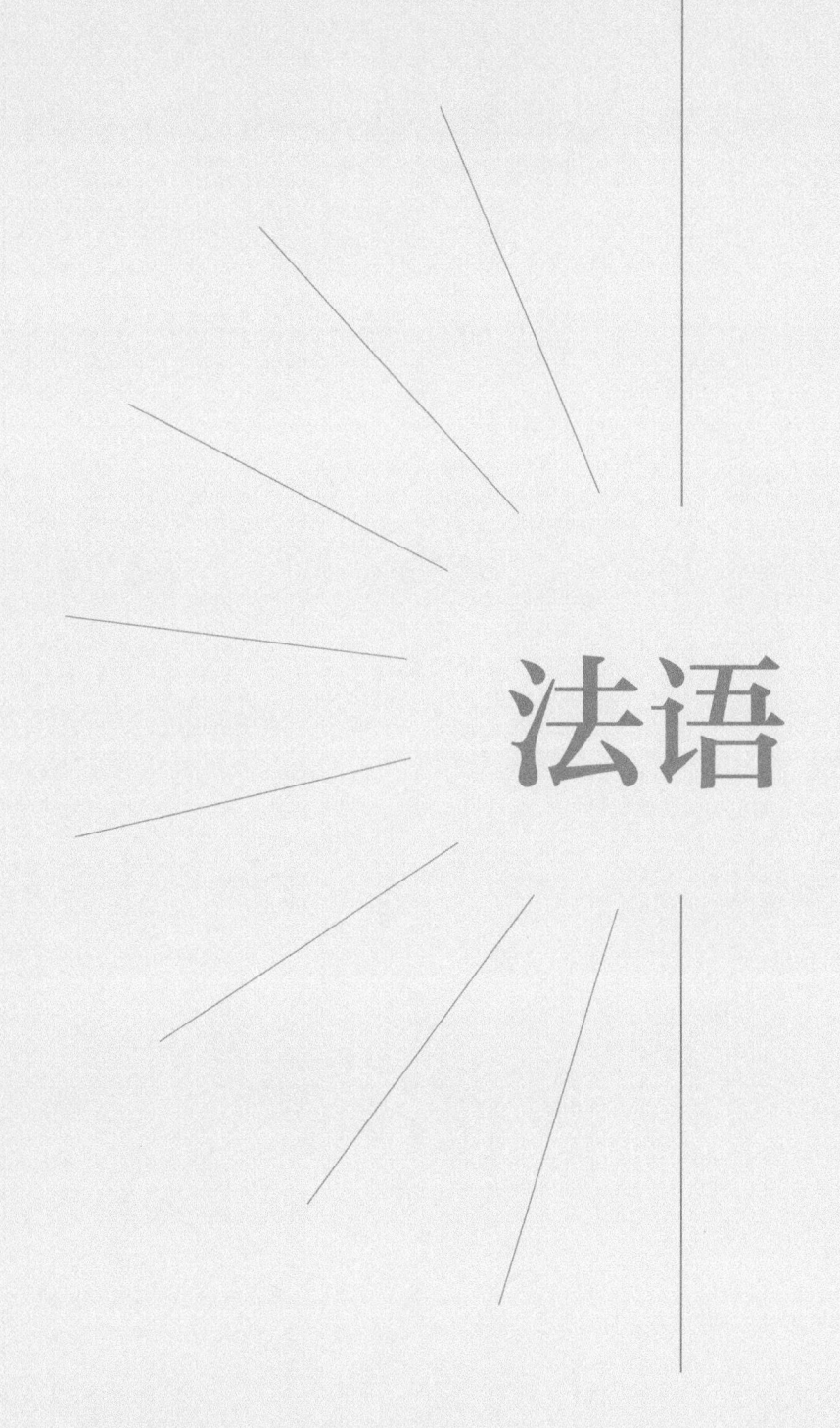

法语

校友信息

姓名：周林飞

中学所学外语语种：法语

毕业年份：1968 年

大学阶段就读学校、专业：北京大学西语系法语专业

从事职业（公司、职务）：北京大学法语系教师，副教授；曾任中国法语教学研究会副会长

我与上外附中的不解之缘

  清晰地记得 1965 年春末，十二岁的我正在为小升初填报志愿而纠结时，班主任老师找我谈话，推荐我去报考上海外国语学院附属外国语学校（简称"上外附中"）。那个时候我对刚成立两年的上外附中知之甚少，当得知这是一个培养中国外交人才和翻译家的摇篮时，我立刻产生了极大的兴趣。经过一番笔试和面试，我怀揣梦想步入上外附中初一 (3) 班。全班共约 40 人，包括 26 名男生、14 名女生。上法语课时我们被分成两个小班，郑定乐老师和张秀漪老师分别为我们授课。班主任是生物老师孙国富。老师们个个优秀敬业、认真负责；同学们人人勤奋好学，满怀激情地投入到"世界上最美的语言——法语"的学习中……遗憾的是仅仅学了一年就因十年动乱被迫中断，1969 年 3 月我下乡到农村劳动锻炼。

  虽然在附中的学习生涯只有短短一年时间，在语言知识方面的收获有限，但是母校对我来说意义巨大，它为我打开了法兰西语言文化殿堂的大门，仿佛一种无形的力量指引我在法语学习的道路上一直走下去。依稀记得在当初的面试环节，附中的老师们口述了一些单词让我来模仿，现在回想起来大约是英、法、德、西几种不同语言的单词。也可能我法语模仿得略好一些，便把我分配进了法语班。当然，这些都是我之后的猜测，但我与法语、法国文学有缘确实是真的。

　　1973年9月，我被推荐到北京大学西语系法语专业学习。从此，我与法兰西语言、文化结下了终生之缘。我十分珍惜这"失而复得"且来之不易的机会，每天晨起高声朗读课文，随身携带小卡片背诵单词和句型，大量阅读经典作品……1977年我毕业后留校任教。

　　1976年底"文革"结束。人们长期被禁锢的思想得到了解放，重新认识到知识的重要性，渴望了解外部世界，社会上掀起了学习外语的热潮。在此背景下，北京人民广播电台委托北京大学法语专业承办业余法语广播讲座课程。北大法语专业随即成立了一个法语广播组，由一批富有教学经验的老师带领几位年轻教师一起工作。我有幸成为法语广播组的一员，我的法语教学生涯由此开始。

　　数十年来，我一直工作在教学、科研第一线——曾经两次受邀在北京人民广播电台播讲法语，两次赴法国的大学（波尔多第三大学、里昂高等师范学校）教授汉语，并参与编写、出版了多套法语教材，曾担任中国法语教学研究会副会长，为我国的法语教学事业贡献了自己的绵薄之力。

　　谈到法语的学习，我个人认为，语言和其他具有技术要求的学科行业一样，从小打下一个良好的学习基础将受益终身。记得20世纪80年代，我第一次在法国与法国朋友交流时，他们惊讶地问我："你的法语在哪里学的？说得那么好，没有一点口音……"我十分自豪地回答："在中国学的。"我心里很清楚，这是法国朋友出于礼貌对我的褒奖，然而这也是事实，是上外附中给我打下了良好基础——"童子功"。

同时，我们应该看到，当今社会的特征是学科交叉、知识融合，社会上需要大量的复合型人才。因此，除了掌握一门或几门外语以外，必须不断拓宽知识面，提高自身的综合素质。譬如，作为一名教师，需要学习教育学、心理学、教学法等人文社会科学的知识，并将其有机地结合在教学工作中，只有这样才能真正发挥个人的人生价值，更好地报效社会。

回顾自己半个多世纪的人生经历、工作上取得的一些成绩以及生活中的无数乐趣，所有的一切都和我的法语密不可分。我由衷地感恩母校的栽培，感恩每一位老师对我的辛勤付出。

值此母校六十华诞之际，祝愿母校再谱华章，为我们伟大的祖国培养出更多更优秀的人才。

校友信息

姓名： 杨民

中学所学外语语种： 法语

毕业年份： 1975 年

国外留学的学校名称： 阿尔及利亚首都阿尔及尔的法国国际学校笛卡尔中学

从事职业（公司、职务）： 退休干部（退休前在外交部工作 42 年）

附中——我四十二年外交生涯的起点

今年是我的母校上海外国语大学附属外国语学校（上外附中）建校 60 周年。我作为母校上万学子之一，对母校有着永不消退的深厚感情，因为我在母校的两年学习是我人生中最关键的阶段，是我后来 42 年外交生涯的起点，为我效力祖国外交事业打下了扎实基础。

我于 1971 年 9 月 20 日进入上外附中学习，这一年是母校建校后的第 8 年。我们同时入校的同学是母校因"文化大革命"停止招生 5 年之后第一批正式招收的学生。我同年级同学属于 1975 届学生，分为英语、法语、德语、俄语四个班。我被分在法语班，有 28 名同学，班主任第一年是数学老师朱离，第二年是语文老师匡大芳，法语老师是胡守衡和钱培欢。

我在上外附中的第二学年第一学期即将结束时，大致在1972年底，外交部两名干部来学校对1975届英语、法语、德语三个班和1970年入校的试点班学生进行外语考试。当时学校说考试是检查教学质量，同学们私下传说外交部要选拔学生到国外留学。考试分为笔试和口试，笔试全体学生都可以参加，笔试成绩好的学生才能参加口试。我顺利通过笔试，进入口试。外语口试由外交部干部提七八个问题，涉及学习、家庭和生活，十分简单，我对答如流。

考试成绩没有公布，大约1个月之后，我等十多名参加口试的同学被安排到医院体检，这透露出哪些同学通过了考试。随后，我父母得知有人到他们工作单位做过政审。我江苏老家的叔叔说，有人到我家乡对我祖辈情况做了政审。沉寂了几个月后，到了1973年6月底7月初，正当学校处在紧张的期末考试时，我的父母突然接到了到学校参加家长会的通知。家长会上宣布，我等11名同学被外交部招收，即将去北京报到。

被外交部招收的同学有：1975届英语班的谢敏、吴建萍，法语班的杨民、符华强、王巨颐、贾敬敬，德语班的钟联民、浦洪伟，试点班的宋敬武、潘伟芳、章敏。1973年7月中旬，在上外附中工宣队师傅刘招娣和生物（农基）老师孙国富陪护下，我们11名同学乘火车到北京外交部报到。外交部安排上外附中的11名同学与天津外校的25名同学一起办了约2个月的出国留学培训班。

培训班结束后，外交部派符华强、宋敬武和我到阿尔及利亚学习法语；派王巨颐、贾敬敬和章敏到瑞士学习法语；派谢敏、吴建萍到希腊学习希腊语；派钟联民、浦洪伟到奥地利学习德语；派潘伟芳到伊朗学习波斯语。11名同学先后分批出国留学2至4年，回国后留在外交部工作的只有潘伟芳、符华强、宋敬武、谢敏、吴建萍和我6个人，后来潘伟芳先后任驻阿曼、斯洛伐克、约旦大使，符华强任驻吉布提大使，宋敬武任全国政协委员、全国友协副会长，谢敏、吴建萍曾任驻外大使馆参赞，章敏到北京外交学院任教，王巨颐去了全国记协，贾敬敬去了公安部，钟联民、浦洪伟回到上海工作。

我于1973年10月到阿尔及利亚学习法语3年，1976年7月回国后即进入外交部工作。我在北京工作20年，分别在外交部亚非司、安全司、非洲司任职，当过副处长、处长、副司级参赞、正司级大使。我总共驻外时间达20年，先后在中国驻阿尔及利亚、突尼斯、毛里塔尼亚、多哥、马达加斯加大使馆工作，在后两国常驻时的职务是大使。当年我为什么会被外交部选中派到国外留学并留在外交部工作，我最初心里并不清楚。若干年之后，当我了解了新中国外交史，才知道这是时代的需要给了我从事外交工作并当上大使的幸运机会。

1971年10月25日，在我进入上外附中学习后的第35天，第二十六届联合国大会以压倒多数的票数通过2758号决议，恢复中华人民共和国在联合国的一切合法权利。1972年2月21日，在我进入上外附中学习5个月之后，美国总统尼克松访华。这两件大事掀起了新中国成立以来最大的与各国建交的高潮，1972年与中国建交国家达到18个，是新中国外交史上与中国建交国家数量最多的一年。为了满足外交大发展对人才的需要，周恩来总理高瞻远瞩，指示外交部在1972年前后分批选派数百名不同年龄的外语人才到国外留学并培养成为外交部干部。我成了时代的幸运儿，被外交部选中，后来被派到多哥、马达加斯加当大使,这两个国家就是1972年与中国建交的。

我正是因为1971年进入了上外附中学习才遇上了这样的好机会,因此上外附中是我外交生涯的起点。进入外交部之后,我热爱外交事业,在外交岗位上忠心耿耿地服务国家,一干就是42年。我之所以能够持之以恒地从事外交工作几十年并且取得一定成就,同我在上外附中两年学习中获得的四个基本素质密不可分。

上外附中给我的第一个基本素质是爱国。爱国是对一个外交官最基本的要求,而上外附中的教学很好地培养了我的爱国心。上外附中的老师向学生讲述鲁迅如何为了唤醒民众而弃医从文,周恩来如何从小立志为中华民族的崛起而读书,这让我在附中学习期间和离开附中以后都非常清楚,自己学习的目的就是更好地为国家服务。我走上外交岗位后,忠实于祖国,全心全意地为国家的利益服务,通过我的外交工作尽可能地广交各国朋友,为国家争取和平环境,为国家对外开放和发展建设服务。

上外附中给我的第二个基本素质是优良的外语学习方法。上外附中优良的教学方法和优秀的外语老师,为我的法语学习打下了扎实基础,让我在两年里学会了法语的标准发音、常用词汇和基本语法。我至今还清楚地记得,我的法语老师胡守衡把从工地上捡来的砖块放在讲台上,教我们法语"砖块"(la brique)这个单词;他把教鞭放在自己的尾骨处,教我们法语"尾巴"(la queue)这个单词。上外附中为我学习法语打好的基础让我得以在出国留学时很好地学会法语,并且能够在后来的外交工作中运用自如,可以用法语做演讲,接受记者采访,到电视台做节目,使我在外交工作中如虎添翼。有一次,我作为大使在国庆招待会上用法语做完演讲后，当地一位朋友对我说，我的法语发音很标准，如果背对背听我演讲，会以为这是一个法国巴黎人在演讲。我骄傲地告诉这位朋友，我的法语是上外附中发音很标准的老师教我的，他就是胡守衡老师。

上外附中给我的第三个基本素质是好学。上外附中学习气氛非常浓厚，鼓励学生多读书，读好书，让我养成了爱读书的良好习惯。我走上外交岗位后，在学习上劲头很足，坚持不懈，收获丰富。几十年来，我收藏了1万多册图书，学习了政治、外交、军事、地理、文学、艺术等方方面面的知识，这使我作为外交官为国家工作时游刃有余。我还出版了1部法国小说（译作）、1部欧洲游记、1部摄影专著和多部诗影集。

上外附中给我的第四个基本素质是进取。上外附中是培养学生进取心的好地方。学校经常评选三好学生，给好学生颁发奖状，鼓励学生向先进看齐，向优秀看齐。我在这样的环境里养成了争当优秀学生的进取心，而且这样的进取心从此伴随我一生。我在外交部岗位上也争当先进，争取进步，在外交部从科员起步，迈上一个个台阶，最后获得了外交官最高职衔——大使，给自己的外交生涯画上了圆满的句号。

我十分感恩上外附中，在母校学习虽然只有短短两年，但是她培养了我多种宝贵的基本素质，把我引入外交生涯，使我能在外交岗位上很好地为国家服务，并做出了一定成绩，实现了应有的人生价值。

校友信息

姓名： 江波

中学所学外语语种： 法语

毕业年份： 1976 年

本科阶段就读大学名称、专业：北京第二外国语学院西方语言文学专业、法国雷恩第二大学法国语言文学专业

研究生阶段就读大学名称、专业：英国诺丁汉大学教育学

博士阶段就读大学名称、专业：英国诺丁汉大学教育学

从事职业（公司、职务）：教师，研究员，同济大学原副校长

学好多种语言有助你认知丰富多彩的世界

我是 1976 届上外附中毕业生、"文化大革命"以后的第一批大学生，于 1977 年考进当时重点大学——北京第二外国语学院，专业是西方语言文学。当时正是小平同志发起改革开放之时。我通过考试，获得政府奖学金，于 1978 年到法国雷恩第二大学留学，专攻法国语言文学。1981 年根据组织安排，我回国后到教育部工作。之后，1990 年在组织支持下，我再次获得政府奖学金前往英国诺丁汉大学留学，攻读教育学硕士和博士。1993 年如期归国后，我继续在教育部工作。1995 年至 1999 年，我参与筹建国家留学基金管理委员会，并担任副秘书长。1999 年底，我又受组织派遣，在参加了美国艾森豪威尔学者项目后，赴中华人民共和国驻美国芝加哥总领事馆担任党委委员、教育参赞。5 年后归国，我担任教育部国际交流与合作司副司长，分

管对美洲与大洋洲交流合作、对外汉语教学和孔子学院、外国专家等工作。2005年，我担任中国教育国际交流协会秘书长，直到2012年。之后，我在上海同济大学担任党委常委、副校长，直到2020年退休。退休以后，我继续参与同济大学教育学科的有关教学和研究工作，可以说是一名退休教师。同时，我还受聘兼职一些社会工作，例如：中国成人教育协会副会长兼学术委员会主任，教育部职业院校外语类专业教学指导委员会主任委员，教育部中外人文交流中心专家委员会副主任等。此外，我作为欧美同学会法比分会副会长，还尽自己的能力，促进中国与法国以及其他国家之间的民间友好交流工作。我与上外附中的邢国樑校友等多位资深留法学长一起在上海虹桥创建了法国/法语区国家企业中心，促进中外民间交流合作。

  我之所以过去和现在有一定的能力为国家和人民做些有益的工作，我想一个重要的原因是上外附中给我打下了扎实的语言基本功。上外附中"听说领先，读写跟上，全面发展"的外语教学理念让我终身受益，学校培养了学生标准的发音、严谨的语法等扎实的功底。至今仍让我记忆犹新的是：一是老师非常敬业，当时每一个老师都是上海最优秀的，不管是外语水平、专业水平，还是师德师风；二是良好的同学之间合作与竞争的氛围，身边的同学都十分努力，你追我赶又互相帮助，这对促进自身的学习和提高很有帮助。还有就是我们通过在附中的学习，培养了很强的自信心。当我在法国雷恩大学的比较文学课上，听到讲课教授说"我没有想到，我这门课这次考试和作业拿第一的竟然是一个中国学生（指的是我）"时，更增加了上外附中所培养的那种自信心。我对学习外语更加主动积极。我后来学习了意大利语、古法语、拉丁语、英语、德语、俄语等。虽然学习的各种语言水平不一，但都帮助我更好地认识五彩缤纷的世界和丰富多样的文明。可以说，这样的自学能力和自身驱动力也是在上外附中打下的基础。

现在常常听到有人说法语是"小语种"，我不同意这种说法。法语是联合国重要用语，世界上有几亿人说法语，除了法国外，还有加拿大魁北克、瑞士、比利时、摩纳哥、卢森堡、黎巴嫩和非洲的许多国家等，都使用法语。当然这些国家的法语都有各自的特点。我现在也参与世界法语大学联盟的工作。目前世界上还有大量的国际组织都在用法语。所以，在参与全球治理中，法语必不可少。法语不仅是优美的语言，承载文明的语言，也是政治的语言。可见其重要的国际地位，法语绝不是"小"语种。

我想对现在学习法语的同学们说：能学习法语是一件很幸运的事，这会是你一生重要的财富！法语确实是很优美的语言，很多优秀的文学家、思想家用她来写作，还有许多音乐作品、美术作品等也用她来表达。学习法语，可以让你原汁原味地去欣赏这些作品。同时，法语是严谨的语言，是一整套严谨的话语体系。比如，当你读孟德斯鸠时，你会体会到语言背后的力量，这可以帮助你有更好的思辨能力。

语言能拉近人与人之间的距离，把你心中真正想要传递的东西给到别人，只有用他/她的母语，才能直击内心。同时，语言也帮助你用不同的思维考虑问题，因为语言就是你认知世界的边界。作为一个语言爱好者，我越来越发现，我们现在还远远没有认识到语言的重要性。语言的多样性就如同生态的多样性，是人类多样性的一部分。只有尊重了语言多样性，才真正尊重了人类。

校友信息

姓名：邢国樑

中学所学外语语种：法语

毕业年份：1977 年

本科阶段就读大学名称、专业：对外经济贸易大学干部进修班

研究生阶段就读大学名称、专业：

1）巴黎高等商学院（HEC Paris）管理学专业

2）巴黎第九大学硕士，跨国公司战略管理专业

博士阶段就读大学名称、专业：巴黎高等商学院（HEC Paris）博士院博士候选人，企业战略管理专业

从事职业（公司、职务）：曾先后担任法国威立雅集团中国大型项目总监、中国台湾地区总裁、亚洲地区资深副总裁，中国清洁能源投资基金合伙人，世铭投资合伙人，汉恒投资咨询（上海）有限公司董事长，法国外贸顾问

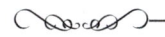

新的历史交汇期，新一代附中人路在何方？

我是在 1972 年下半学年经过学校推荐、面试、政审、体检后被上外附中录取的。录取后，我被分配到（3）班学法语。我们那一届的上外附中学生共 120 人，分为三个班，每班 40 人，（1）班和（2）班学英语，（3）班学法语。为什么我们 40 人被分配学法语，其他

80人被分配学英语，直到今天，对我而言，还是一个谜。学法语不是我自己的选择，而是学校的决定，但我非常感谢母校让我从14岁开始就有机会学习法语这一美丽的语言。

现在的学生也许无法理解，我们在那个年代学习法语时，一没教材，二没有学外语最起码的工具书——《法汉词典》，听的课文录音全部是老师自己录制的，全班40位同学共用一台磁带录音机。但是，我们的法语水平却有幸得到国内权威机构和法国友人的肯定。我们毕业那年（1977年），国家恢复了高考。我们班里40位同学中大部分都考进了国内著名高校，其中5位进北大，2位进复旦，大部分进了上外和华师大。1978年教育部在全国外语院校范围内遴选的第一批19位本科留法学生中，我们班有5位入选，体检后3位成行。1981年，我被公派到法国留学，几乎所有的老师和同学都夸我法语讲得非常好。起初还以为是法国老师和同学的客套之言，因为刚到法国的我，上课还有许多地方听不懂，与人沟通时常感无法完整地用法语表达自己。后来我逐渐明白，当法国朋友称赞某人法语讲得好，不是指你的词汇量有多大，你的表达能力有多强，而首先是指你的语言面貌好，语音语调好，讲话规范，讲的是"好的法语"。

为什么我们在困难的条件下学习的法语，刚到法国就能够得到法国朋友的认可？我觉得主要有三个原因：第一，我们有幸成为那个年代上外附中最优秀、最敬业的法语老师如胡守衡、郑雪丽、关慧美、钱培欢的学生。这些老师自己编写法语教材，录制听力内容，让我们能够在早晚自习时跟读模仿。第二，我们是上外附中独特的教学方法"听说领先、读写跟上"的受益人。我们那时候上法语课没有书本，只有讲义，但每一课的讲义要等到一个课程全部上完后才发给学生。一单元课上完后，课文早就背得滚瓜烂熟。第三，那时候上外附中实行全部学生住校制度，使学生有足够的时间早读和晚自习，口语训练得到极大强化。

上外附中毕业时，我被遴选到外贸部（现商务部）参加培训和工作。经过一年"五七"干校劳动后，我被送到对外经贸大学学习。在外经贸大除了法语外，我也学习了英语。也许是因为上外附中的四年法语打下的基础，也许是英语本身的学习难度不如法语，我的感觉是学英语要比学法语容易，基本上两年的学习时间可以抵得上四年的法语学习。1981年10月我被公派到法国留学，1984年获巴黎高等商学院毕业文凭，1985年获巴黎第九大学研究硕士毕业文凭，1986年获巴黎高等商学院博士院博士候选人资格证书。完成学业后，我长期从事与环保和清洁能源领域相关的企业管理、投资和咨询工作，曾先后担任法国威立雅集团中国大型项目总监、中国台湾地区总裁、亚洲地区资深副总裁、中国清洁能源投资基金合伙人、世铭投资合伙人、汉恒投资咨询（上海）有限公司董事长。此外，自1999年起，我被法国总理任命为法国外贸顾问。我的这些工作经历中，大部分时间与法国和法国企业发生关系，对法语的驾驭极大地方便了我与法国同行的沟通和交流。

经过40年的改革开放，中国在全球化的大背景下，经济建设取得了巨大的进步。但自2018年6月以来，中国的外部环境发生了剧烈的变化，世界政治经济正经历冷战结束以来最深刻的变革，充满了不确定性、不稳定性。新一代的附中人面临着许多我们这一代人所没有经历过的重大挑战：全球化进程受阻、人口变化、气候变化、科技发展的双刃剑、全球治理机制缺失、发展不平衡、民粹主义和单边主义抬头等等。一言以蔽之，新一代的附中学人面临着一个与我们这一代附中人完全不同的外部世界。在新的历史交汇期，我认为附中人一定要学好英文。与此同时，还有必要在附中学习阶段加学一门小语种，如一门拉丁语言（法语、西班牙语或葡萄牙语）、阿拉伯语、俄语或一门亚洲语言（日语、朝鲜语或越南语）。读大学时，建议修一门相对比较"硬核"的专业。新一代的附中人需要有全新的国际视野，需要有世界的历史纵深，也需要对未来人类的走向有哲学层面的思考。我相信，全球新的增长机会更多地会出现在亚洲、非洲和拉丁美洲，在中国所倡导的"一带一路"共建国家。新一代的附中学子一定能够在人类命运共同体中，找到属于自己的一片新天地。

校友信息

姓名：**金忠萍**

中学所学外语语种：**法语**

毕业年份：**1978年**

本科阶段就读大学名称、专业：上海外国语大学法语专业

从事职业（公司、职务）：翻译（办公室主任）

在附中与法语结缘

我于1971年进入上外附小就读法语，当时正值"文革"中后期，这是一个颇具时代特色的时间段，国务院、教育部高瞻远瞩地在全市中小学实施招收了一批"工农兵子弟"的学习尖子。要说我选择法语的原因，坦白讲并非由兴趣爱好而定，现在想来应是体检时的发声发音环节起了决定性作用。

上外附小毕业后，我便直升进入了上外附中。值得一说的是，附中学习的教材都是教研组特别编写的，因此我在日积月累的学习中接触了许多当时法国及世界的学术思想和研究方法。可以说，从法语启蒙到语言教习，附中的老师们一直在陪伴着我的成长。

我的法语启蒙老师是张秀漪老师，她于点滴之处教导学生。一次课上有人迟到，还用其他理由搪塞，张老师就循循诱导，我依然记得她的一句"下课以后呢，cabinets 么去一次"，这种寓教于乐的方式让我永远记住了这个多义词。

而我的法语老师——董鸿义老师，则是让我受益最深的一位。我仍记得他"己所不欲，勿施于人"的教导，他的许多口语教学内容，我直到工作时也能脱口而出。我还记得他的规定：当天的课文必须背诵，次日课前挨个检查，也正是因为这个方法，我终身受益。感谢恩师！

附中同期的法语老师还有一位毛凤仪老师，他也是一位兢兢业业的教学者。记得有次我偶然在地上捡到半页法语材料，就利用课余翻译成了中文，并请毛老师过目。他丝毫没有推脱，认真批改后还给了我。此事至今让我记忆犹新。师恩永存！

当然，其他科目的老师们也令我印象深刻。我至今仍能记得附小的语文老师兼班主任——范福林老师，他像慈父一般对待每一个学生，对板书一丝不苟，自己觉得不够好就擦掉重写，有时甚至要写两三遍，同时也经常表扬毛笔字写得好的几个同学。可以骄傲地说，本人就是常被表扬的其中之一者。

本人职业生涯的 40 年，可分前后各 20 年。前 20 年，除有幸被单位外派驻非洲近 3 年外，法语几乎无用武之地。千禧年前后，我又经历了外贸改革深化的年代，从 2002 年中期我受聘于私企做法语翻译，先后在刚果、贝宁、尼日尔、马达加斯加工作，直至 2021 年底退休回国。在职业的后半程以所学谋取生活，我也由衷地庆幸在上外附中所学的一技之长。

因此，我想说的是：如何更多地攫取人生各个阶段的"每桶金"，从而达到一个又一个的人生高度，才是更重要的。语言永远只是工具，重要的是掌握，然后在机遇来临时才可能抓住。随着AI的开发运用，单就翻译这一行来说，对于一般要求的内容，它带来的时间和人力成本的优势是显而易见的。但既然称之为AI，人的思维作用一定是最重要、最主要的，在更深一层的思维与情感的形容和描述方面，人类一定更胜一筹。

所以，学弟学妹们若在学业成就上达到了更高层次（除了学习语言，还包括对各种知识的不断汲取和掌握），自然就成了此专业的优势了。"非下苦功不可"——毛主席的教导是真理。

校友信息

姓名：王红坚
中学所学外语语种：法语
毕业年份：1980年

大学阶段就读学校、专业：外交学院国际法专业

从事职业（公司、职务）：1985年起到外交部工作，2023年退休。历任外交部欧洲司三秘、二秘、一秘，副处长、处长、副司长；驻摩洛哥使馆职员、随员；三次常驻中国驻欧盟使团，任参赞、公使衔参赞、公使

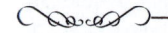

跬步至远：外交工作的起点在上外附中

学习和兴趣爱好相辅相成的附中时代

在附中的第一天晚自习的场景依然历历在目，值班的是法语老师沈怀洁，教我们的第一个词汇是bonsoir。

我入学时还在"文革"期间，当时的环境完全无法用现在的情况去衡量。老师不敢教，学生不好好学，但以刘葆宏老校长为首的上外附中的老师们依然时时要求我们好好学习，对我们的成长倾注了大量心血。我非常感恩学校老师的辛勤又极为艰难的劳动和付出，恩情铭刻在心。

在附中就读期间，我不是一个百分百精力都投入学习的学生，而是兴趣爱好广泛。比如我从小就爱做航模、做半导体收音机。我戏称，如果不是学外语，我肯定会去航空学院学飞机制造。我喜欢历史，看了不少历史书。我的乒乓球和排球的底子是在附中打下的，这对日后我在工作中能够承受强压助益颇多。如今再回想，其实没有一样东西是无用的，外交工作需要的并不只是学习成绩。

经过7年半的学习，我的法语有了比较好的基础，顺利考入了外交学院。经过附中培养的学生法语基础扎实，进入大学后学习的起点更高，学习可以更加系统全面。当时进外交部翻译室的法语新干部，基本都是附中走出的学生。

外交工作需要专家，也需要杂家

大学毕业分配进入外交部后，我直接到驻摩洛哥使馆工作。摩洛哥官方法语用得很多。后来我在外交部主要从事对法国和对欧盟的工作，基本上都是使用法语。现在英语普及，学习英语固然重要，但在非洲及欧洲一些国家，法语仍是最主要的语言。现在法国人也开始说英语，但直接用法语交流更便于沟通，更易于相互理解，距离更贴近，工作也更容易开展。

进外交部是分配的，当时不能选择。我一直留在外交部，不敢奢谈人生理想，但总觉得外交是一件很值得琢磨的事情。尤其是周恩来、顾维钧这样的外交家让我崇拜着迷。20世纪90年代正好是改革开放步子迈得最大的时期，对外关系，特别是对欧洲国家关系，处于蓬勃发展阶段，有很多新事物需要研究推动。

我的外交工作没有电影中"撤侨"等危险场景，欧洲总体上的治安是比较稳定的。对于我来说，最困难的事情是如何更好地维护国家利益，这不光是个思想意识问题，更是个能力问题。一开始是跟着领导学、跟着老同志学，后来责任大了，有些时候就要直接冲到第一线。欧洲是近现代国际关系体系的发源地，近现代国际关系规则很多是欧洲制定的。从事对欧盟工作，面对的是来自西方的顶级的外交官。和他们谈文件，如中欧联合声明、联合新闻公报等，每一句话甚至每一个词的背后都包含着双方的利益诉求，谈判中的疏忽会直接导致国家利益受损。我记得有一次中欧联合声明谈判，其中一个环节就折冲了三十多个小时。这样的谈判需要我们对自己的政策有非常清楚的了解，对对方的立场有清楚的认识，要有全局观、敏锐的反应、策略机智的手法，同样还要有良好的身体作为支撑。

外交无小事，做好外交工作必须是专家。但如果同时也是一个什么都懂点的"杂家"，对工作也很有帮助。外交是和人打交道的工作，谈判桌以外要有很多铺垫，要有很多交流沟通，形形色色的人都可能遇到。在附中培养的兴趣爱好在工作中给了我很大帮助。在日常交流中我可以什么都聊，足球网球乒乓球，文化艺术音乐摄影，甚至烹饪美食。工作关系再加上私人关系，工作的空间就会大很多。

一些体会和建议

外交工作无止境，很有挑战性，也很有意义。搞好外交工作是国家发展的需要，需要一代代人前赴后继的努力。

要做好外交工作，我有几点体会和建议：一是要能够吃苦，要耐得住寂寞。外交工作不神秘，但需要长年累月的积累，非常长线，跬步至远，没有捷径可走。这个工作费神烧脑，需要专注投入。为什么说外交官越老越优秀，是因为外交工作的经验需要一辈子积累。二是要承受得了牺牲，这里有家庭的，经济上的，甚至还有真正意义上的流血。符华强大使是附中试点班的，我们曾经在一个处工作过。他早年曾在乍得工作，这是世界上最不发达国家之一，很艰苦。他在兵变时留守，不幸被流弹击中受伤，二十年后体检时才偶然发现子弹还留在身体里。这个子弹现在保存在外交部档案馆。三是专业成绩很重要，但其他知识面的积累也同样重要。兴趣爱好会对工作有很大帮助，是全面成长的基础。四是要养成正确的思维习惯。外交工作中逻辑思维能力很重要，这是能不能分析思考问题的关键。我最后离开驻欧盟使团时，大家让我讲工作经验，我就讲了9个字："是什么？为什么？做什么？""是什么"要求的是知识的积累和对形势的跟踪，这是相对容易的，下些功夫都可以做到。"为什么"则需要有分析问题的能力，要懂得去伪存真，透过现象看本质，把根本原因找出来。这个能力需要有意识地培养锻炼，不一定是下了功夫就会有的。"做什么"就是要着眼实际，针对问题的本质，结合国家政策，提出解决问题的办法。相信以我们同学的能力在"是什么"方面不会有什么困难，在"为什么"方面要注意培养好的思维习惯，这样才能在"做什么"方面有所建树。

现在学生的起点已经远远超过当年我们的水平。以他们的能力，假以时日，一定会脱颖而出，成为国家栋梁。

饮水思源，由衷感谢附中的培养，感恩老师们的辛勤付出，相信附中一定能够为祖国的外交事业培养更多的人才。

校友信息

姓名：陈伟
中学所学外语语种：法语
毕业年份：1985 年
本科至博士阶段就读大学名称、专业：上海外国语大学法语系
从事职业（公司、职务）：上海外国语大学法语系教授、博导

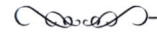

深耕法语：从学习者到教育者

1978 年春季我进入上外附小。我们那一届是"文革"后外语学校恢复招生的第二届，也是通过全市范围内筛选考试进行招生的第一届。与现今情况不同的是，当时的学生都是单一语种，非英语语种也不例外。在进入附中之前，我们已经在各自的小学学习了半年英语，但开始学习法语后，老师要求我们忘记英语，以免发生语言干扰。忘却英语的过程很痛苦，整整持续了一个学期。

我是在进校报到那一天，才在法语班的名册上找到自己的名字。现在回想起来，我们在入学口试时有一个模仿发音的环节，也就是由老师讲一定数量的法语单词或者句子，我们鹦鹉学舌般模仿。可能是这个环节做得比较好，考官认为我更适合学习法语，所以才有了现在的人生吧！

当时上外附中的教学方式讲究交际法、视听法。上课不提前发教材，课堂上放幻灯片和录音，需要听录音一直听到会背诵课文为止。我们当时一个班级只有两台录音机，录音机是老式的，几十公斤重，一个人搬不动。大家都抢着听录音机，因为每天需要听10到20遍才能记熟。没有教材，我们只能根据拼音规则自己查字典，理解了之后继续背。这种学习方式让我们掌握的单词并非孤立存在，而是融入具体语境。等到学生吃透课文后，才发放教材。这种独特的教学方式极大地促进了我们的交际能力。值得一提的是，上外附中法语班的学生，无论身在中国还是国外，一开口就有明显的口音特色。

除了学习课文外，我们专门有一个老师教授法国文化相关的内容，比如教我们唱法国歌曲如《马赛曲》、朗诵诗歌等。后来我同法国人唱这些歌，一下子就能拉近我和他们之间的距离。不光法语老师，上外附中所有的老师都个性鲜明。我们当时还有位法语老师很喜欢京剧，就把京剧的歌词改编成了法语。几十年过去了，校友们现在谈起来仍然津津乐道。

1985年7月高中毕业以后，我顺理成章地进入了上外法语系继续学习法语。事实上，当时法语学生选择高校的余地很小，因为全国开设法语专业的学校屈指可数。特别是理科班的同学，大多去了现在的交大医学院法语班，而考取复旦、交大、华师大或其他高校的同学，都不得不放弃法语，改学英语。

我从小学到中学七年半的法语功底对于大学学习无疑有巨大的帮助。首先，学校给予了我们这一届附中班12位同学很好的资源：我们被直接插入法语专业三年级，和他们学习同样的法语课程；从第一年起，我们就享受到了高年级甚至是研究生的师资；学校还特地为我们开设了零起点英语课程。其次，由于在附中打下了扎实的法语基础，我在专业学习方面比较轻松，这不仅使得我可以花更多的时间和精力攻读英语，而且借助法语基础学习英语更加得心应手，一点即通，从而在较短的时间里大幅度提高了自己的英语水平。此外，专业课程学习上的轻松，也为我参加校内外各类活动和社会实践创造了条件。更加荣幸的是，我作为附中法语班的三名同学之一，被挑选为教学改革的试点对象，被允许用三年时间修完本科课程，并且免试直升进入硕士研究生阶段的学习，成为大师教授岳杨烈先生的关门弟子。应该说，我能在学业上一帆风顺，附中给我打下的基础至关重要。

1991年3月，我获得硕士学位后留校任教。此后，我于1996—1999年攻读在职博士，2000年获副教授职称，2008年荣升教授，2013年被评为博导。在三十多年的职业生涯中，我带教了上外法语专业所有层次的学生，也承担过法语专业几乎所有的课程。我曾多次赴法国、加拿大等国家进修、讲学、参加学术会议。2015年我被授予"法兰西共和国学术棕榈骑士勋章"。

如果说，1978年3月被分配进入法语班对我而言是一个偶然，那么这个偶然对我此后的工作、学习乃至整个人生都产生了决定性的影响。从此，法语成了我生命的一部分，我无法想象没有附中、没有法语，我今天的生活会是怎样的。同样，也正是因为法语，我才能为学校、城市、国家的发展贡献自己的一份力量，赢得荣誉。

我的理想是要我们的国家越来越富强，我们的社会越来越温情，我们每个人越来越幸福，而我个人则能为这个过程做出自己的一份贡献。我认为，我所从事的工作，即法语教学和研究，有着广阔的前景。法语是世界主要语言之一，有着广泛的人口基础和使用场景，也是一门历史悠久、底蕴深厚的语言。特别是在当今国际形势下，随着"一带一路"倡议的实施、中国与非洲国家关系的深入、"金砖国家"的扩容，法语将会有更大的用武之地。因此学习法语，大有可为；法语教学和研究，也将迎来更灿烂的未来。

适合法语教学和研究工作的人，首先必须热爱这门语言，热爱讲这门语言的国家和人民，热爱它所承载的文化，热爱他所研究的领域。其次，他必须具备必要的专业知识和能力。外语不同于其他知识体系，其习得不可能一蹴而就，而且知之即为知之，不知即为不知，无法蒙混过关，没有扎实的专业功底，不可能做好这份职业。第三，他必须善于交际，乐于实践，有激情、有耐心、能坚持，不卑不亢，荣辱不惊。最后，也是从事这一职业最基本、最重要的前提：必须热爱自己的国家，时时刻刻记住自己是一名中国人。

校友信息

姓名： 蔡倩

中学所学外语语种： 法语

毕业年份： 1997 年

本科阶段就读大学名称、专业： 上海外国语大学法语系

研究生阶段就读大学名称、专业： 巴黎高等商学院（HEC Paris）

从事职业（公司、职务）： 法国房地产集团财务分析主管

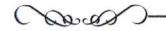

"多语种+"——从附中向世界

学习生涯助我融入法国社会

从三岁起，爸爸妈妈就把我送去夜校学习英语。报考上外附中时，他们觉得我英语水平不错，不妨多学一门外语。并且上外附中学习小语种的资源和环境绝佳，所以我报名附中，第一志愿填写了法语。在附中学习小语种最大的优势在于小班授课，每个班级只有十名学生，每位学生参与课堂的机会成倍增加。而且到了高中阶段，班上配有外教，不仅有助于纠正发音，也为我们初步接触法国文化和风俗创造了条件。学校里，我们不仅能学习法语名著，也能够借阅海外杂志。很多老师都在国外深造过，会同我们分享一些国外的生活方式。这些对我后续适应法国文化习俗大有帮助。

高中毕业后，我直升上外法语系。凭借语言基础，进入大学后我就直接跳级到了大二，三年就顺利本科毕业。毕业后我参加了高商联考，如愿进入巴黎高等商学院（HEC Paris）主修金融。在国内上大学时，我利用语言技能边上学边打工，基本实现了生活费自给自足。出国求学时，我潜心学习专业知识，并且顺利找到实习和工作，融入法国社会。这些都要感谢附中为我奠定坚实的语言基础。我认为，年轻人学习语言时，务必勇于开口，积极参与社会实践，不断积累经验，扩充词汇量。除了语言本身，对文化的深入学习同样至关重要。只有对当地文化和风俗有深刻理解，才能将语言提升到更高的水平。

我在法国遇到的最深刻的文化差异之一体现在人们的性格上。中国人比较善于容忍，除非涉及原则问题，一般不太计较。法国人自我意识强，有意见就表达。对方的一味容忍只会让他们变本加厉，反而坚持立场才能赢得他们的尊重。曾经有位同事，总感觉与我不合，但也没有在明面上表现出来，所以我一开始选择了容忍。有一天我终于忍无可忍，开诚布公地跟他吵了一架。借此冲突，我把自己的想法都表达了出来，解开了误会。结果不打不相识，我们成了很好的工作伙伴，现在还一直有联系。我记得争吵时他的一句话："我最讨厌你这种好学生，完美职场典范，整天端着很无趣！"于是，我深信在职场上坚持原则、绝不忍让，反而能赢得尊重，生活中也是如此。

多语种在工作中的优势

高商毕业后，我同时拿到了两个工作机会，在普华永道做审计或者去米其林做管培生。因为米其林总部不在巴黎，最终我决定留在巴黎的普华永道工作，以便拥有更广阔的发展空间。工作三年后，我转去了工业集团，担任财务分析师，一干就是十多年，先后就职于阿海珐核电集团、阿尔斯通、通用电气。我当时思考良久，是在注册会计师这条专业人才道路上继续深耕，还是转去公司任职。因为，倘若选择第一条路，再进一步就是考取注册会计师。当时在法国，只有法籍注册会计师才有资格签署报表，外国人的限制相对较多。另外注册会计师如果想自立门户，也需要客源，外国人在这方面有劣势。然而事后证明我当时的顾虑是多余的，这些年来，中国企业在法国蓬勃发展。如果我当时选择了自立门户，中法背景反而能帮助我开拓不少客户。

最终，我选择了到大型国际企业发展，熟练掌握三语和多重文化背景也一直是我的优势。跨国公司总部的财务分析工作，需要统筹全球各分支机构的预算报表和业绩分析。工作中，我需要与世界各国的财务负责人联系。虽然工作语言主要是英语，但能够用法语和中文与某些地方团队交流，一方面拉近了关系，另一方面弥补了语言上的不足，促进理解。

我认为人工智能把人从程式化的翻译工作中解脱出来，但却不能百分之百地代替人脑。比如财务报表的翻译，过去由专业的翻译公司承担，但是因为等待时间长，现在基本都靠翻译软件翻译，再校对译文，效果是一样的。但是人工智能只能理解字面意思，不能领会撰稿人背后的意图，所以我们公司的 roadshow 都是由我和老板亲自操刀，直接用英语撰写。此外，我想强调的是，掌握一门外语并非仅仅因为其实用性，更是为了打开一扇通往不同文化的大门。就像我们通过旅游去各地拓宽视野一样，语言学习能够帮助我们深入了解另一种文化，令人受益无穷。

机遇与挑战并存

两年前，我决定跳出能源企业，投身我非常感兴趣的房地产行业，继续负责财务分析。虽然从事的还是老本行，但是行业是全新的，因而面临许多挑战。首先是专业知识有限。为了更好地适应这个行业，我必须对房地产市场以及相关的法规和税务制度有深刻了解，因此每天早上出门前我都会听房地产行业的新闻。为了弥补自己缺乏的专业知识，我也主动参加房地产税务方面的培训。

其次，因为我的身份背景，我在公司中显得有些特殊。第一，我是一个外国人。房地产公司跨国企业不多，我供职的法国公司里，老板、同事全部是法国人，这与我以前的工作环境完全不同。我在法国的跨国公司总部工作时，有来自各种文化背景的同事，但以法国人为主。在美国公司时，总部几乎没有法国人。此外，我还是一名女性，而房地产行业真的是男人的天下。所以适应纯法国文化对我来说也确实是一个挑战。幸好，我完全不惧怕和法国人打交道，同时也很享受多元文化的工作环境。

我认为，职业发展不外乎全才和专才。而财务分析是一个专业性较强的行业，不易被人工智能取代。一流的财务分析部门能够为公司创造巨大的价值。初级财务分析牵涉到数据和流程，每个月、每个季度的报表都很类似，这部分工作可以被人工智能替代。但是高级财务分析其实没有定式，需要从业者嗅觉灵敏、适应变化。现在的经济环境千变万化，财务分析的职能是帮助高层管理人员透过数字看到公司的问题，以便更改决策适应变化。此外，这一行业不仅要求专业水平，还看重沟通能力，需要善于和不同的部门打交道，理解领导层的需求并为其服务。在工作过程中，我深切体会到，倾听是最为关键的特质。理解别人的需求，再结合自己的需求，找到一条共赢的路。我也尤为感谢附中的培养，塑造了我许多闪光的特质，让我在人生的道路上越走越远。

校友信息

姓名：杨琳

中学所学外语语种：法语

毕业年份：1997 年

本科阶段就读大学名称、专业：上海外国语大学法语专业

研究生阶段就读大学名称、专业：埃塞克商学院（ESSEC）

大胆尝试，保持好奇

我于 1990 年进入附中开始学习。说起学法语，完全是偶然之举，入学考前我的妈妈突发奇想地将法语填在了第一志愿，但事实上当时的我对法语和法国并没有任何概念。就这样，我开启了我的法语学习的旅程。

回忆起来，当时中法之间的交流很少，网络也没有现在这么发达，原版的学习资料更是几乎没有。但是附中的老师们用他们独特的教学方法和自编教材与视听材料，给我们打下了听说读写全面而扎实的基础。我仍然能记得当时我们为了练习法语听说，用老师提前搜集资料并录好音的磁带，去听力教室一起学习。当时，我们这一级一共招了四个语种的学生，每个语种用一台机器，虽然条件没有现在这么完善，但是附中还是给我们打下了十分坚实的语言基础。可以说，在附中七年的学习生涯不仅让我了解了法国，拓宽了视野，更是为我打下了扎实的基本功。

至于其他科目的老师们，在他们陪伴下的学习生涯仍令我印象深刻。比起传统意义上的老师，他们并非"严父"，而是"良友"。我们的课堂氛围总是轻松愉悦，可以自由发言令我感到十分亲切。虽然不能完全记清老师们的名字，但我仍能记得我们共同度过的时光：数学老师的上海话课堂、语文课上的话剧演绎、风趣幽默的历史老师……这些都是我的附中生活中难以忘怀的部分。

当然，附中也十分重视对生活习惯的培养。我记得我们从未因为作业写不完而熬大夜，晚自习的时间就可以完成所有的作业；按时作息也很重要，生活老师会在九点钟准时检查我们是否进寝休息；还有每周三的家长日，父母会给我们带来好吃的……这些都让我对附中的日子感到亲切又难忘。

现在回想起来，附中的七年学习生活仍然是我这四十多年来最美好的时光，纯粹的同学情谊，各具特色又身怀绝技的各位老师，一切都很珍贵。七年的法语学习帮我树立了牢固的基础，也让我后面觉得再捡起英语并不难，因为语言都是相通的。

附中毕业后我选择了直升上外，继续法语专业的学习。毕业后，我仍然觉得应该去看看法国，加之我本身也愿意尝试不同的体验，因此，我去了法国继续学业，我要亲眼去看一下、感受一下这个跟我遥遥相望了十年的国度。

如果要说附中给了我什么，那就是我文理都不差的学习基础。可以骄傲地说，在附中学习的我们各科发展都很平衡。虽然我在附中学习时选择了文科，但我的理科也并不差。在法国交流学习的第一年，我学习了工商管理，但一年下来，我总觉得自己的知识储备仍然不足，因此，我选择了进入商校，系统学习这些知识。

在法国埃塞克商学院（ESSEC）学习高商专业的三年是学业与实习相结合的一段时光，这里有高度自由的学制、最好的学习资源以及来自不同文化背景的学生。身在其中的我们，学到的不仅是课堂上的知识，更是如何自主管理自己的学业和与不同背景的学生共同合作。我至今还记得，当时电脑还没有这么普及，我为了完成作业，必须使用学校提供的电脑。相较于其他有个人电脑的朋友、同学来说，我格外需要与多方对接，协调好自己的时间。现在想想，那时候的确很辛苦，但也是一段让我迅速成长的美好时光。

2004年毕业后，我进入标致雪铁龙开启我的第一份工作，2014年至今我一直在法国米其林就职。在这将近二十年的工作生涯中，大部分时间我从事财务方面的工作。自2019年开始，我转向数据系统方面的工作。这份工作并非纯粹的数据开发，反而用上了我前几份工作积累下的经验。我的角色更像是公司技术开发与客户之间的桥梁，为技术开发的同事解释客户的需求，帮助两方做好对接，就是我的任务，也是我所有经历和体验能够得到运用的地方。

如果说有什么建议可以给学弟学妹的，首先请充分享受你们的附中时光。在语言学习上你们现在拥有最好的资源，请一定好好珍惜，多听、多看、多说是学好任何一门语言的必经之路。以我的经验来看，新闻最容易理解，其次是配音电视剧，再次是本土电视剧。时间久了，就能做到和当地人一样自如地运用这门语言。其次，请一定勇于尝试。过往的经验告诉我，只有多尝试，才能出奇迹。人生的种种可能，大多都是在不断的尝试中发现的。最后，在这个多元的世界，一切都在变化，还需要多阅读多思考，学会独立思考并培养批判精神，保持好奇心，才能在这个不断变化的时代始终知道如何做出判断，知道自己要的是什么。

校友信息

姓名：郑锋

中学所学外语语种：法语

毕业年份：1997 年

本科阶段就读大学名称、专业：上海外国语大学法语系

研究生阶段就读大学名称、专业：欧洲高等商学院

从事职业（公司、职务）：法国液化空气集团

Merci 附中！

法语学习：从懵懂到开窍

学习法语对我来说纯属偶然。报考上外附中时，我以为只是一场普通的竞赛，填写语言志愿时也非常懵懂，最后还是陪同去的小学英语老师帮忙拿定了主意。

入学后，我有幸先后遇到了鲍老师和高老师这两位非常优秀的法语老师。他们课堂内外都优雅迷人，耐心亲切。

可能是刚开启住宿生活，摆脱了父母的约束，初中的我有点报复性地贪玩，因此成绩平平，法语经常垫底。我的父母完全不懂法语，干着急之余，力所能及的就是早上放录音，以及把市面上能看到的法语教材大部分搬回了家。

初三起，我的法语成绩有所提高，有了开窍的感觉。高一时我获得了去法国里昂交流学习的机会。不出意外，数理化乱杀，文科各种新单词吃力得很。

高二回归附中，我被同学认为应该是去了南汇而不是法国，因此获封"阿土"称号，沿用至今。

学科转型：从语言到商科

高中毕业后，我舍不得丢掉法语，选择了直升上外法语系。在读期间我获得了一些实习机会，并初步接触了社会，比如了解到那个年代上汽的桑塔纳卖二十多万一辆，三班倒生产还供不应求。实习另一个好处是辛苦三个礼拜就差不多凑够一年的学费了。

大学毕业时，除了走外语外交道路，报考法国的商学院似乎是余下为数不多且有成功先例的选项。一番折腾之后，我考上了巴黎的某个商学院，然后在 2001 年 9 月 11 日当天降落在了戴高乐机场。

毕业后，我在咨询公司工作了七年，之后没有经受住甲方爸爸的诱惑，抱着去看看的心态，一待就十年有余。没有理工科背景的我，大部分工作是和数字打交道。

目前为止，我的法语还没还给附中的老师们。在这里对鲍老师、高老师说声 Merci！当然也借此感谢附中各位授业恩师！

成长轨迹：从附中到世界

附中在那个年代有着非常难得的开放和包容。身怀绝艺、不可貌相的老师和同学，加上放飞的住宿生活，真正的快乐学习啊。

当年，父母同事的孩子和我一起报考附中，不过他最后去了另一所体制内的中学，大学进入了计算机专业，毕业后也从事了相关工作。如果当初没有进入附中，我说不定也会走上理科生的道路。

在每一个人生节点，不同的选择都会指引我们开启不同的篇章，选择附中是当时顺其自然的决定，我无法预测哪一种选择会带来更精彩的人生，但可以确定的是，附中是我走向世界的起点，也在我的成长轨迹上留下了难忘的七年时光。

在附中，我还收获了珍贵的友谊。回想起来，刚上初中时大家都还只有十一二岁，离开附中时就是十八九岁的少年了。因为一起度过了同窗七年，所以中学同学彼此间算得上知根知底，感情也很深厚。因为常年在国外，和老同学们见面比较困难，但只要回国，也会想到联系附中的同学们聚一聚，走过附中时也会进去看看曾经的老师们。相比之下遗憾的是，大学因为跳了一级，外加大部分时间在校外打工，反而和大学同学比较生疏，没能保持这样稳定的联系。

因此，我希望附中的学弟学妹们能够珍惜身边的同学，享受美好的中学时光。

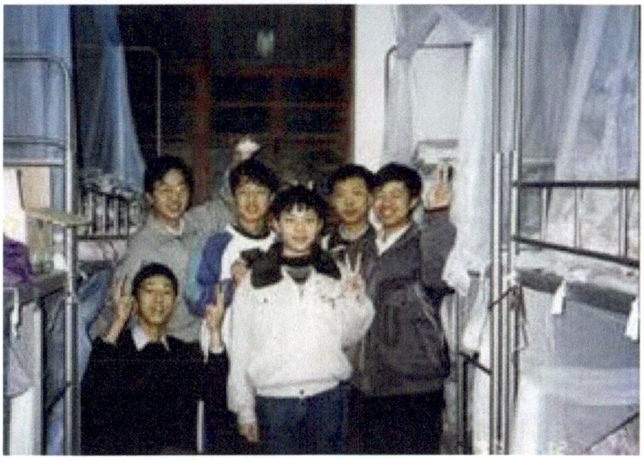

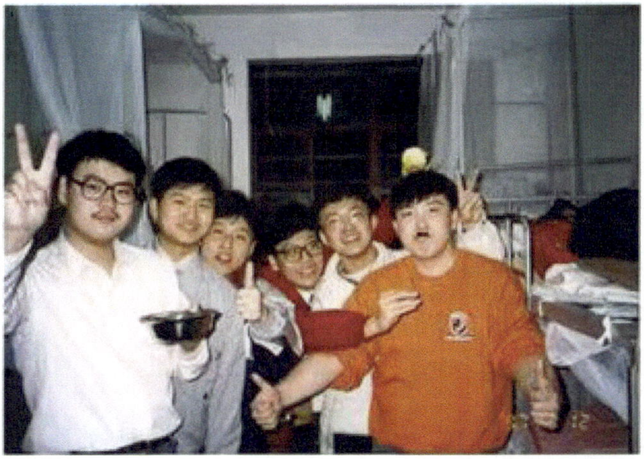

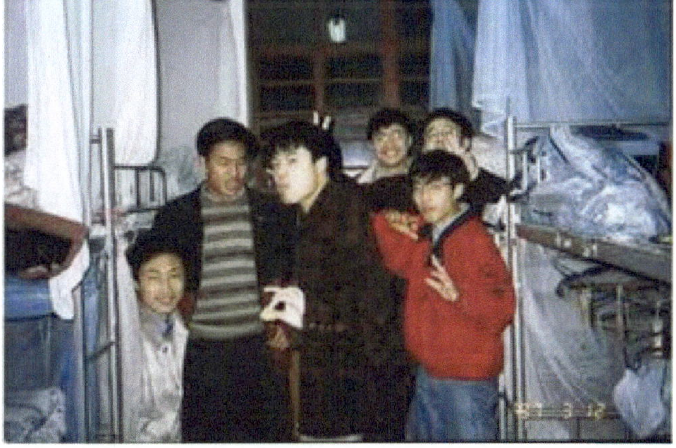

校友信息

姓名：朱燕

中学所学外语语种：法语

毕业年份：1997 年

本科至博士阶段就读大学名称、专业：上海外国语大学法语专业

从事职业（公司、职务）：上海外国语大学法语系副教授

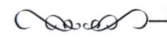

白驹过隙，此情悠悠
——贺母校 60 周年校庆

当我回忆起那个久远的年代，端坐在某个偏于一隅的浦东小学课堂内，费劲地书写着弯弯曲曲的 ABC 的时候，便多了几许感慨。那会儿的自己不曾也不会想象未来能成为一名外语教师，在格高致远的大学校园内，教着来自天南海北的学子如何学贯中外。维系起这一切的，仅母校二字而已。

知道上外附中这个学校大约是刚升五年级时的秋季，有个上一届的学姐说可以读个浦西的培训班提升一下浦东儿童的学习水平，于是就开始了每周一次的长途跋涉，于奔波中长本事。其他课都记忆淡薄了，但语文夫子的绍兴普通话依稀是记得的。后来几经波折，我考进了附中，又稀里糊涂地学了法语，再后来升了大学，依旧是在法语这一亩三分地里；再后来，整个人生过半，好像一直都在法语圈子里打转，是这里给了我最核心的工作技能。

每次被问起为何会选择法语，总有种大约是缘分的感觉。小学陪考的英语老师一直以为填一些冷门的语种被录取的概率会大一些，加之她本人更向往作为联合国官方语言之一的法语，于是这便成了我们来考试的几个人的第一志愿。唯一的区别就是我考进来了，坚持下来了，然后真的把这门语言作为了我的职业。

在附中风风雨雨的七年有许多艰辛和刻苦，但更多的是收获和见识。作为一个飘着本地口音的浦东娃，闯进了浦西娃的世界，学习一门西方人的语言，把不太灵光的舌头捋捋直，然后吐出一口地道的巴黎音，这大概属于一种梦幻的经历吧。若是高中还被公派出国交流学习了一年，那大概更梦幻吧。再加上进了大学，继续在法语专业本硕博上蹦蹦跳跳地一路走到了留校任教，这在很多人看来是必然，但我觉得是偶然，起因不过是我在十二岁的那年进入上外附中读了法语而已。

大学外语教师的职业也许没有某些专业对国家的基础建设贡献大，也许没有另一些专业对个人家庭的物质回报丰厚，但这是在以自己的专业为国家培养人才，培养精于外语却又不仅限于外语的人才。

如今随着国家在国际舞台上角色的变化，我们需要更多精于外语、有爱国主义情怀、有中华文化自信的各行各业的优秀青年人才。人才培养，不假人手。外语学习和对外交流面临的挑战不曾减少半分，母校任重道远，外语教师责任重大。

校友信息

姓名：蒋航天

中学所学外语语种：法语

毕业年份：2002 年

本科阶段就读大学名称、专业：复旦大学通信工程专业

研究生阶段就读大学名称、专业：巴黎高等商学院（HEC Paris）工商管理硕士

从事职业（公司、职务）：宇杉资本创始人 & CEO

法语与我

进入上外附中已经是快三十年前的事情了。当初报考上外附中是需要参加招生考试的，学校在 8000 名学生中选择 120 名。我在考试前填志愿时，机缘巧合下选择了法语作为志愿之一。法语是国际奥委会、联合国等全球组织的官方语言，小时候觉得那些地方都是令人向往的地方，法语自然而然也在心里留下了一个高贵的印象。

在附中的七年间，学习法语给我带来了很多乐趣，尤其是学校给予了我去法国高中交流学习的机会。我在法国里昂度过了高一，第一次体验到一个人在海外的独立生活和法国人朴实的情感。

附中毕业后我去了复旦读书，我和附中的小伙伴们在复旦成立了二外沙龙，给大家放法语电影，做一些法语讲座。本科毕业后，我觉得我还没有准备好进入职场，于是去法国就读 HEC PARIS 商学院。法语像是我身上独特的标签，伴随着我做出了很多人生的选择。

我在巴黎度过了接下来的三年，这也是我第二段在法国生活的岁月。法国已经像是我的第二故乡了。熟悉的街景，熟悉的语气和表情，熟悉的礼仪。法国是个念旧的国家，对自己的文化和语言有着很高的自我认知。因为熟练掌握法语，我也自然获得了更多的交流、学习和职业发展的机会，也能够很好地融入法国社会。

我在法国遇到了我第一份工作的老板，我也因此踏入风险投资领域。我加入了中法基金（中国和法国之间最大的投资基金），随后于 2009 年回国，一直往返于两国，负责在中国和法国的投资项目，并且协助两国企业进行交流合作，做两国企业家之间的桥梁。我一直在工作中保持着非常好的口碑，这都得益于我从附中开始积累的跨文化交流的丰富经验。

6 年前我自己创业，创立了宇杉资本，继续从事风险投资。在国内，我所从事的这个行业还是在行业发展的早期。虽然该行业已经蓬勃发展了快二十年，但是无论是资本市场还是中国的企业都还远远达不到欧美发达国家的成熟度。从二十多年前我第一次踏上法国的土地时感叹发达国家的先进，到如今我们的现代化进程可以说已经超过了绝大多数发达国家。随着中国经济的崛起，我们也必将迎来金融市场的逐步规范和发展，成为全球主要的金融市场。我希望在未来二三十年，在中国金融市场发展成与华尔街地位相当的全球金融市场的过程中，我们这一代能够扮演一个有价值的角色。

在当今世界，全球化已经变成一个有争议的话题。但我始终认为，随着信息交互的便捷，全球化是不可逆的大势。如今的周折无法阻挡前进的动力。未来中国的金融行业和各个产业，都需要全球化的人才。以后语言障碍可能可以通过 AI 来克服，但对其他国家文化的理解，必须通过学习其他国家的语言才能真正获得。跨文化交流的能力既是一种重要的学习能力，也是一种处理人际关系的能力和社会的适应能力。我们不仅仅要学习语言本身，更要去好奇语言背后的文化和民族，去充满热情地交流和学习。

我很幸运在很小的时候学习了法语，这就像学了一种乐器，它伴随我一生，成为我人生的标签。有一天，希望我的孩子有机会也能够进入附中学习法语，再续前缘。

校友信息

姓名：王艺霖

中学所学外语语种：法语

毕业年份：2009 年

本科阶段就读大学名称、专业：法国理科预科，巴黎高等师范学院数学专业

研究生阶段就读大学名称、专业：巴黎高等师范学院，巴黎萨克雷大学，数学专业

博士阶段就读大学名称、专业：苏黎世联邦理工学院数学专业

从事职业（公司、职务）：法国高等科学研究院青年教授

学习语言，打开新世界的大门

中预入学分班选语种时，我听说学小语种出国交流的机会比较多，加之法国又是个神秘而又浪漫的国家，我希望可以说着法语去法国看看，也想从零开始和新同学一起学习一门新的语言，于是选择了法语。

在附中，我们的英语课程不是很多，主要学习法语的听说读写。那时，也会有外教来授课，介绍法国的风土人情或文化习惯。一群年纪尚小的学生，依托附中提供的良好教育资源，得以窥见另一个国家和另一门语言的魅力。法语语法复杂，动词变位较多，想要学好法语必须得下一番苦功夫。附中的法语教学为我打下了坚实的语言基础，提升了我的语言能力。

除了校内专业的法语教学外，附中还为我们提供了国际交流的机会，每年都会送高一学生去国外学习一年。高一时我有幸前往法国交流，到了一个陌生的国家后，我对一切都充满好奇和兴趣。幸运的是，有长期的法语学习基础加持，初到法国的我并未经历太多语言障碍，适应较快。在法国交流的这一年，我的法语口音更接近本地人，且全面了解了当地文化，拓宽了自己的眼界，开放而又欣喜地接受了文化差异。这使得我后来在法国留学时，能够较快地适应语言交流和文化沟通。

另外，让我印象深刻的是，附中的教育并不像大多数学校一样注重应试，而是重视学生综合能力的培养。我还记得高中的语文老师会要求大家轮流进行五分钟的课前演讲，不限主题，时政热点或是读书感想都可以。通过观察、思考、演讲，我们对自己感兴趣的话题有了更深刻的感悟，也提升了公共演讲的能力。这其实和法国整体的思辨性氛围非常相似。可以看到，除了外语教学，附中的语文教学也有独特的方法，与国际接轨。

在高一交流时，我发现法国拥有优质的教育资源和完备的教育体系，且收费较低，学费、生活费都有补贴，因此产生了前往法国读书的意愿。高中毕业后，我前往法国读理科预科（相当于本科一二年级），打下学习基础。读完两年预科后，我参加全国竞考，摆在我眼前的选择有巴黎高等师范学院和其他工程师学校。其他工程师学校注重应用，而我对理论更感兴趣，于是考取了巴黎高等师范学院的数学系，走上数学研究的道路。在巴黎的四年期间，我除了在巴黎高师上课，硕士阶段也去巴黎其他大学上课，主修代数几何和概率论。毕业后我前往苏黎世联邦理工读博士，师从菲尔兹奖得主文德林·维尔纳（Wendelin Werner）。

博士毕业后，我赴麻省理工学院（MIT）作为 Moore 讲师从事了三年的教学与研究，现回法国高等科学研究院担任青年教授一职，专门从事数学研究，也会带博士生讨论。选择做数学研究，来源于我纯粹的好奇和对数学结构与美学的追求。每次解决一个问题，加深对一个领域的理解，都是再一次体会数学的精妙并展示给其他人的过程。这一过程既满足了自己的好奇心，也拓宽了一点点人类作为一个整体的认知。

除了纯粹的数学研究外，更多的时间里，我会进行国际访问，参加各种国际会议或暑期学校，这也让我有机会周游世界，领略不同国家的魅力。在世界各地开会、旅行时，我经常会碰到语言不通的情况，但语言学习的逻辑其实差不多，同属一种语系的语言有很多相似之处，即使没有系统地学习过，基本意思也能猜个大概。掌握多种语言，对融入当地生活、职业发展和国际交往有非常大的帮助。

对我来说，语言主要是工具。但语言学习也是一件很有趣的事情。语言的发展历史源远流长，且随时代变化不断地发展，是一个动态的过程。其背后是一个个活生生的人，他们在不同的文化背景下可能说着同一种语言，进行沟通交流。

多学一门外语会为你打开许多未知的大门，怀着一颗谦卑、探索和好奇的心去看看其他人，看看外面，会令你受益无穷。

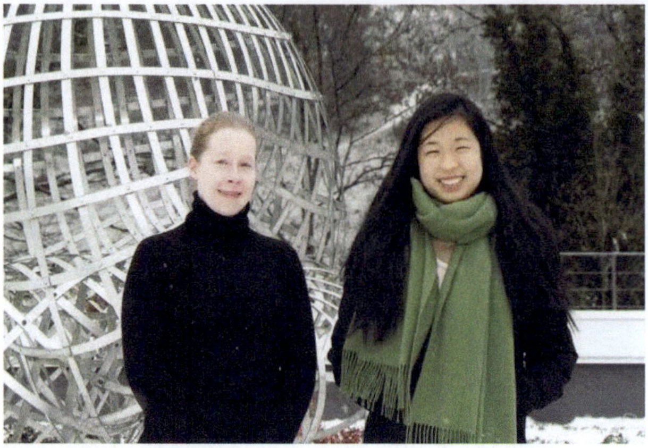

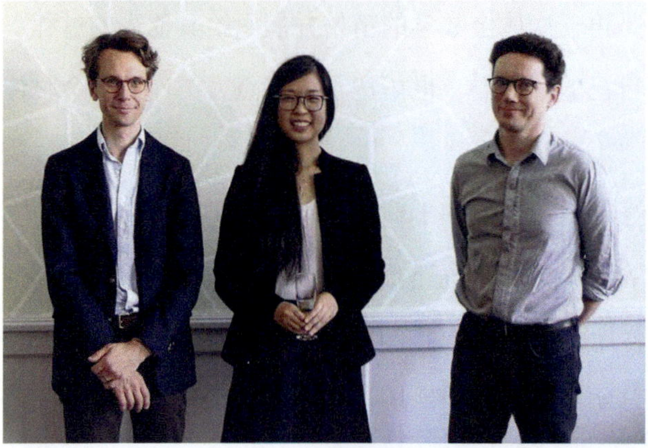

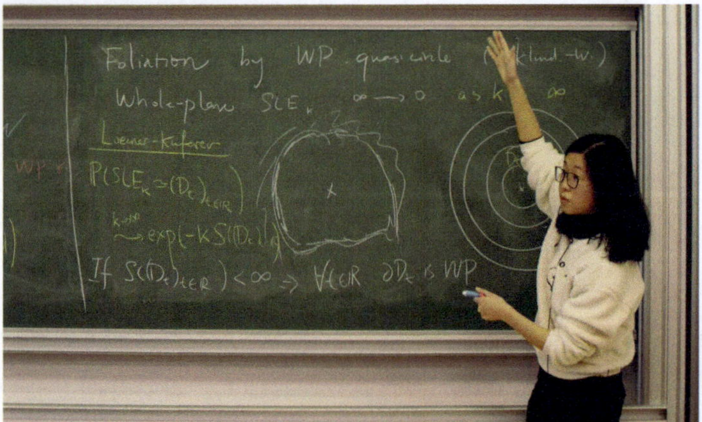
Foliation by WP
Whole-plane SLE

校友信息

姓名：任时弘

中学所学外语语种：法语

毕业年份：2013 年

本科阶段就读大学名称、专业：法国里昂国立高等音乐学院作曲专业，法国里昂大学音乐学专业

研究生阶段就读大学名称、专业：法国里昂国立高等音乐学院作曲专业，法国圣埃蒂安大学电子音乐导演专业

博士阶段就读大学名称、专业：法国里昂国立高等音乐学院作曲专业

从事职业（公司、职务）：上海音乐学院博士后

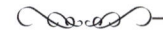

说出勇气

我一直都非常羡慕不需要花很多时间学习语言就能"无缝"和外国人沟通的旅行家。他们只凭笑容、肢体语言和一支笔就能完成一次复杂的还价。我也很崇拜那些在语言上天赋异禀的、精通多国语言的社交达人。欧洲的好几种语言对他们来说可能都是一回事吧——他们到哪儿都能收获当地人惊喜的目光。

但是，他们的"能力"离我是遥远的，我认为自己和大多数上外附中的同学们一样，需要许多年的时间才能让一门新的语言从"天书"到熟悉，再到能在外国人面前开口。在第一次用法语说出"你好"之前，我做足了心理建设。

那个多年前的我并不知道，这样的心理建设在之后的日子里伴随了我许多年。当我决定选择一所中国同学很少的音乐学院，走一条少有人走的留学道路，向那横亘在16岁的我面前的巨大挑战发起冲击的时候，我不得不开始花费大量的精力为说出口的每一句话做准备。学习生活刚开始的日子里，我结识了随时能切换英、法、意、西语的导师，也遇到了不会法语却备受法国人欢迎的同学。在为每一句话犹豫时，我有些后悔没有在中学里练好口语能力就离开了。

一年之后，即将退休的老教授和我进行了一次谈话，我问他："当时在入学面试时，我的音乐水平比较一般，表达能力也有欠缺。为什么还是录取了我呢？"他回答说："因为你的年轻和你的勇气。"其实我能预料到这个答案，但从即将离开学校的他口中说出来时，我依旧十分感慨。我从他的话语中不只听到了鼓励，还让我多年以来的自我怀疑得到消解——在上外附中学习，我不仅学到了语言能力，在那之上让我得到更多的，是勇气。

从家乡走向全世界，依靠的一定是勇气。培养这份勇气的是每一次校园活动时的全身心投入，也是出访、接待、交流时的敞开心扉。我们曾在大礼堂的舞台上表演、歌唱、扮演国际领导人的角色。我慢慢意识到，我并不是因为胆怯而陷入短暂的沉默，而是希望在开口时拿出更多的信心，让每一句话更有分量。

毕业十年，当再去观察同窗们的共同特质时，我不由得发现每当他们遇到挑战时，都能跨出坚定的第一步。他们中，一些人热情地拥抱在新城市的新生活，一些人活跃在国际合作的最前线；一些人不断迈进取得更大的成功，一些人跨过了生活中的荆棘坎坷依然充满乐观；

一些人深思熟虑后脚踏实地地迈进，一些人勇往直前时从不被周围的纷扰所拖累。他们——就是我们，都曾经兴奋地和同班同学交流各自的新外语名字，互道小语种的"你好"。我们还在"牙牙学语"时，就已经开始试着用行动去跨越语言的障碍。

勇气，它伴随着曾经年轻的我们一起长大，如今是已经飞向远方的我们共同的翅膀。虽然，语言的障碍终将因为科技的发展被抹去，但这不会抹去思想的多样性，也不会让人与人之间的交流消失。比起语言本身，向前一步的勇气更加重要。我相信，这是母校赐予我们最宝贵的财富。

校友信息

姓名： 张悦嘉

中学所学外语语种： 法语

毕业年份： 2016 年

本科阶段就读大学名称、专业：复旦大学数据科学与大数据技术专业

博士阶段就读大学名称、专业：复旦大学计算数学专业

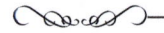

从童年梦想到瑞士交流：
我与法语的不解之缘

要问我和法语是如何结缘的，起因说起来其实很简单：我10岁那年拍了一套儿童写真，照片中的我戴着圆顶礼帽，穿着波点裙，坐在火车旁，大人们开玩笑地说看起来像刚从法国留学回来的。年少的我不禁对那遥远陌生的国度产生了兴趣，看过几部电影和纪录片，又学过都德的《最后一课》，课文里形容法语为"世界上最优美、最精确的语言"，从此我的童年梦想就变成了学法语、去法国。

当时正逢"小升初"，班级里的同学们都在考虑着将来去什么中学，妈妈告诉我，上海有一所叫上外附中的学校，去那里能系统地学习法语，我便不假思索地立下志向——我要考上外附中！在我年幼的世界里，并不懂什么升学率、师资力量、学校排名，也对考上外附中所要面临的竞争一无所知，我只知道，我想学法语，而去上外附中可以学法语！

我入学上外附中是在2009年，当时一个年级有四个班，其中只有一个双语班，双语班里能学法语的同学只有四分之一。最后能如愿以偿地进入法语班，我自然是幸运的，也为之付出了不少努力。我听说分班考试的时候有些同学故意考得很差，因为他们害怕同时学两门外语会占用太多时间和精力，最后一门外语都没学好。我从来没有过类似的想法，而且这样的想法最后也被证明是荒谬的，因为我们法语班的每个同学最后都做到了同时精通英法双语。

在上外附中的七年转瞬即逝，回头想想，10岁的我做出了无比正确的决定。上外附中提供的教学资源和教育质量是无可比拟的。法语组老师的专业、敬业、细心、耐心，富有趣味性和启发性的教学方法，不仅让我们打下了扎实的语言功底，也让我们深深爱上了这门优美又精确的语言。同时，校内的国际文化周、上海市法语节以及初三时和法国高中学生结对交换……各种层出不穷的课外活动让我们身临其境地领略了法国文化，也让我们深刻感受到学习语言并不是一件枯燥乏味的事。

高中毕业后，为了继续学习数学和科学，我放弃了保送去北外、上外继续深造法语的机会，而是通过高考进入了复旦大学自然科学实验班。虽然不在法语系，但我和法语的故事并没有结束。法语永远是我的朋友，是我受益一生的财富，是我打开世界大门的钥匙。我在复旦大学依然会去旁听法语系开的"法语诗歌鉴赏""法国影视文学"等课。在课余时间里，我还翻译了两本法语绘本《小方块大世界》（少年儿童出版社）、《捉迷藏城市》（少年儿童出版社），在中国上海国际童书展上担任了法国插画家本杰明·修德先生的随行翻译。

我目前的工作是在复旦大学攻读计算数学博士。对未来的打算是在高校或研究所继续从事科研工作，说不定以后会在法国或在法语国家落脚呢。我的主要研究方向是用于科学的数值代数中的高性能计算，梦想成为科学家们的帮手，为他们提供稳健的、高效的算法及软件实现。在阅读文献或听讲座时，有时候我的法语优势也会帮上大忙。

半年前，我的导师高卫国教授向我推荐了一位在高性能计算领域享有盛名的法国教授劳拉·格里戈里（Laura Grigori），我立刻发邮件联系她，申请去她在洛桑联邦理工学院（EPFL）的课题组访问一年。得到对方的邀请函后，我又申请到了国家留学基金管理委员会为联合培养博士生提供的奖学金，资助我在瑞士的生活费用和来回机票费。得知我要去瑞士交换一年，身边的同学和老师们纷纷表示很羡慕，但也关心地问道："去瑞士会不会有语言障碍？"每当这时，我就会自豪地告诉他们，我毕业于上外附中，学过七年的法语，即使这几年没有太多说法语的机会，但上外附中为我打下了坚实的语言基础，足以保证我到达瑞士后和当地人无碍交流。

德语

校友信息

姓名：刘少康

中学所学外语语种：德语

毕业年份：1967年

大学阶段就读学校、专业：南京大学外文系德国语言文学专业

从事职业（公司、职务）：曾任职于江苏工学院德语教研室、上海大众汽车有限公司财务部，后出任上海采埃孚转向机有限公司财务总监、上海博泽汽车部件有限公司德方总经理等

我的附中德语情结

忆往昔：上山下乡天南海北农村工厂，

上大学下商海上讲坛学管理，

国内海外跌打滚爬磕磕碰碰。

看今朝：不知不觉现已古稀之年。

自从1964年秋跨入上外附中的大门学习德语，我便与附中、与德语结下了不解之缘！转眼之间母校即将迎来六十华诞。

在进入上外附中的时候，我们都没有学过外语，附中针对我们年纪小的特点，采用了当时比较先进的情景教学法，主张"听说领先，读写随后"，因此课堂上一般都比较生动活泼。印象比较深的是老师让我们组成两人的会话小组，每天课后给我们题目去编一段小对话，第二天课上每个小组上台演示，通过这样的方法让我们把学到的新单词、新语法现象再巩固复习。当时因为没有现成的教材，所以附中的老师们都特别辛苦，所有我们用的教材都是老师们自己现编的，编完油印好后第二天就发给我们上课用。我特别感谢的是罗佩明老师。罗老师是北京大学德文专业毕业的，毕业后分配到附中。开学第一周的时候，她就坐在我们教室后面听课，当时我们并不清楚她是谁，并且她看起来比我们也大不了几岁。后来第二周的时候，罗老师就给我们上课了。或许因为年龄上和我们相差不大，罗老师给我们的感觉和蔼可亲，也很能体谅我们。但她在教学上非常严格和仔细，当时为了教我们大家发小舌音，她十分耐心，用了各种方法来启发和帮助大家。除了上课，当时附中也组织了一些课外活动，比如当时我们有一位叫布鲁姆先生的瑞士外教，我们会去他家里做客，这对大家交流语言和了解文化都很有帮助。

1969年，我到贵州独山县插队落户，后被选拔进入大三线国营群英无线电器材厂。学徒三年期满后，我在1973年经推荐和考核上大学，但由于种种原因未能如愿以偿。次年，不甘心的我继续复习备考，依然通过了推荐和考核，并十分惊喜地被南京大学外文系德国语言文学专业录取。真可谓求之不得，天助我也！事后我从招生办处得知，他们是在查阅我的档案材料时发现我曾在上外附中学过德语，因此将我调配到南大德文专业的。正是附中的这段经历使我重新回归到这一专业上，乃至之后陪伴了我整个事业和生涯。大学期间，得益于在上外附中打下的坚实基础，我在学习上得心应手，取得了优异的成绩。

走出校门后，我先是服务于外贸公司，很快便调入江苏工学院（原名镇江农机学院，现为江苏大学）。江苏工学院是当时国务院确定的88所重点大学之一，作为一所工科类院校，诸如农机、汽车等很多专业的发展都对德语有需求，所以当时校领导认为有必要单独开一个德语专业。于是，我受命组建德语教研室并教授德语。虽然这个事情有一定压力，但我觉得很有意义，自己有责任也有义务去做好。一开始，我们只有两个德语老师。因为当时学校里很多中老年教授都想要学习与专业相关的德语，所以首先由我召集，开办了一个德语的教师班。我找了一份科技德语的教程，再自己补充编了语音和初级入门的部分作为教材。开班后效果很不错，学校里就正式成立了德语教研室，并增加到三个老师，主要面向研究生开课，后来又增开了本科生的第二外语的德语选修课。

在从教期间，我被借调到机械工业部为宝钢冷轧热轧项目担任翻译。这对于我来说是一个全新的挑战。之前接触德语，无论是学习还是教书，都是以语言本身为主，但是宝钢项目的翻译涉及很多技术层面：从热轧到冷轧，从包装到工业废水处理，一直到垃圾焚烧发电厂、废气处理等等。在将近三年的时间里，我接触了十几个不同的项目，每个项目都有不同的词汇、不同的要求。我随身带一个小本，碰到听不懂或者不清楚的东西，就赶快记下来，下来以后赶快查阅有关资料，查字典，或是直接请教工程师。经过各种场合的磨炼，我不仅完成了项目翻译的工作，自己也开阔了眼界，积累了知识，语言水平有了明显的提高。

1987年，我回到上海，应聘进入上海大众汽车有限公司财务部。作为译员，我很快胜任了工作，屡受褒奖。我主要负责对接的是一个财务控制方面的专家。财务控制当时在国内还是一个比较新鲜的概念，它不同于传统的财务会计这些概念，而是从微观和宏观两个角度进行数据采集分析控制。在长期陪同翻译的过程中，我对管理业务也熟悉起来，并且产生了学习研究的兴趣。于是，我自己利用业余时间读完了复旦大学的函授"经济与财务"课程，并在上海财经大学的财务总监资格培训班取得了证书。之后我便转岗主管财务控制，直至退休，其中自2004年起成为Internationaler Controller Verein eV（德国）国际财务控制协会会员。虽然我的岗位发生了转变，德语在我的工作中不像老师或者译员那样应用得那么密切，但我坚信如果没有德语的扎实基础，我不可能在财务控制方面有所拓展，因为语言和专业业务是相辅相成的，语言基础可以帮助我更透彻地理解专业业务，而专业业务可以更好地锻炼拓展语言的应用。

没有上外附中就没有我的今天，这就是我与上外附中的情结！也在此由衷地感谢我的启蒙恩师罗佩明老师！

母校华诞六十年，
辛勤耕耘年复年。
启蒙恩师情难忘，
百万桃李遍人间。

冶金部李东冶部长
访问西德SEH公司

校友信息

姓名： 王广成

中学所学外语语种： 德语

毕业年份： 1967 年

大学阶段就读学校、专业：上海外国语大学德语专业

从事职业（公司、职务）：资深翻译（正高级），曾担任上海市现代管理研究中心欧洲所副所长和世经所所长等职

结缘德语六十载，回首感念母校情

（一）

　　1964 年夏，小学毕业的我有幸获得"保考"上海外国语学院附属外国语学校（上外附中）的机会。记得录取口试由汉语和外语两部分组成。前者为汉语朗读与讲故事，后者则需考生分别跟读英、法、德、西四个语种的字母、单词和短句。在最终的"志愿征询"环节中，对外语尚无概念的我同意"服从分配"。未曾料到，由此我正式开始与德语结缘，从而也为自己早早选定了日后可能从事与该语种相关工作的职业方向。9 月入学后方知，学好外语并非易事，其中德语的难度尤甚。然而上外附中对学生的严格选拔、领导与教师们对教学方式的努力探索、其特有的学习条件和氛围，使我顺利通过了入门阶段，并很快对德语产生了浓厚兴趣。须指出的是：德语班是

附中于 1964 年首设，所有教师也都是第一次为初中生授课。为了组织好适合该年龄段学生特点的教学，以达到理想的效果，老师们认真准备，反复尝试，事虽久远，记忆犹新。而我们至今仍耳熟能详的一些德语儿歌童诗，便是在当时的轻松与快乐中学会的。此外，图书管理员的课余工作为我延续业已养成的阅读习惯提供了极大便利，我也因此初步知晓了多学科知识的积累对外语学习的重要性。

然而，上述的正常教学秩序仅维持了两年。1968 年 11 月，以初中毕业生的身份，我被分配至上海医药工业第四玻璃厂。我虽很快从学徒工成为领班，但也会不时阅读一些德语书刊。1972 年 10 月，经过"附中推荐、上外复审"的程序，列入首批推荐名单的我，顺利通过面试作为"插班生"编入上海外国语学院（现上海外国语大学）德语专业，由此成为其时的"工农兵大学生"。插班入学致使学习时间仅剩短短的两年多，然而有赖于上外附中阶段的扎实基础，加之我个人的努力，终得以在德语及其他学科领域学到了大量的新知识，并以总评"优秀"的成绩完成了大学学业。

（二）

1975 年 8 月，我被分配至上海医药工业药物实验厂。我在该厂轮换过生产部门负责人等数个岗位，但始终与德语无缘。1978 年 12 月，我借调宝钢工程，担任轧钢设备引进谈判的口译。1980 年 8 月—1982 年 1 月，任无缝钢管项目赴德设计联络组翻译。1984 年 1 月至 1985 年 6 月，任冷轧项目合作制造赴德代表团翻译。宝钢的翻译实践前后长达 5 年有余，收获是多方面的，且对我的德语从业全过程产生了重大影响。此前我曾认为自己仅适合从事笔译,但恰恰是在重大工程中担任主翻的成功突破了这一主观设限,我以此为起点开始为高级领导干部担任口译。而身为翻译,如何站稳立场、维护国家利益,就此得到的历练与教益也让我受用一生。

1985年底,我调入上海国际问题研究所并被派至德国艾伯特基金会上海办公室担任首席翻译兼研究人员。作为首个外国(政治)基金会在华常设机构,办公室当时根据中国改革开放之需每年举办数十场不同专题的研讨会和报告会,其专业领域广泛,内容新颖,加之工具书的缺乏,对承担德汉互译任务的我既是多重考验,也是学习新知识,包括了解德国国情的良机。

1992年12月起,我回到上海国际所从事口笔译及研究工作。1996年3月至今,我在上海市现代管理研究中心从事口笔译、德国问题研究及内刊文稿终审等工作,并先后任欧洲所副所长和世经所所长等职。

在宝钢工作的基础上,我从20世纪80年代中期起连续为6届市领导担任数十场重要外事接待(包括率团出访)的主翻,外方宾客多为总统、总理、议长、部长和州长级高级政要。与此同时,我还曾独自为数百场的研讨、报告和交流活动提供翻译服务,时跨三十余年,涵盖数十个专业领域,且每每可获中外双方的好评。

较之于可能令人"身心俱疲"的口译,笔译虽在某些维度上迥异于前者,但在承接那些需要大量相关知识储备的专业文献翻译时,同样难免会出现"身心俱疲"的情况。然而,有益的学习与提升也孕育其中。多年来因领导部门和各有关方面所需,我先后完成多学科文献资料数百万字的德汉和数十万字的汉德笔译材料，代表作为《德国社会市场经济辞典》。

德国问题研究历来是我兴趣之所在，本人一研究报告曾由中央领导同志作长段批注。我虽已连续 12 年为《德国蓝皮书》撰稿，但仍乐此不疲。

（三）

回顾与德语结缘的六十载，庆幸与感恩之情油然而生。我庆幸遇上了国家的改革开放，一个能将自己之所学贡献于祖国现代化建设事业的新时代。我感恩母校的培育与老师的教诲，尤其是为我开启了职业方向并令我终身受益的上外附中。

毋庸讳言，无论是求学阶段，还是从业过程，个人的努力与正确的方法同样是不可或缺的。以翻译工作为例，我多年的体会便是，在努力掌握汉语与外语（源语言与目标语言）的同时，还应设法涉猎众多不同的专业领域，以扩大自己的知识面，因为后者同属翻译能否成功的基本条件，故其重要性应与语言等量齐观。而个人知识面的宽窄又取决于在中小学期间是否业已完成学习兴趣与阅读习惯的培养过程。进而言之，凡选择翻译作为职业方向并立志于以优质的口笔译作品奉献社会者，均须在既有习惯的基础上，坚持读书看报，勤于查阅多门类、多专业的工具书（而非囿于为数不多的语言类辞典），善于学习与积累尽可能广泛的多学科知识。唯如此，方能全方位提升自己的业务水平，从而更好地践行作为翻译工作者的从业初心。

校友信息

姓名： 张建英

中学所学外语语种： 德语

毕业年份： 1967 年

大学阶段就读学校、专业：南京大学化学系无机化学专业

从事职业（公司、职务）：就职于镇江钛白粉厂、镇江市化工局和上海大众汽车有限公司，工程师

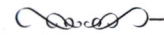

我与德语的一生之缘

我被推荐报考上外附中虽然已经是很遥远的 1964 年了，但我至今还记得到学校去面试时的情景呢！前面主要是一系列身体检查的项目，都完成后，来到了几乎是最后一间教室，里面坐着好几位老师，先给了我一张纸片，让我朗读上面的文章，随后几位老师分别说一些外语，要我跟着模仿读音。当时我们小学没学过外语，所以读的时候也搞不清分别是些什么语种。都读完后，一位老师问我："你想学哪一门外语呢？"虽然在进去面试前，我已对这个问题有所预料，父亲也告诉我可以讲想学英语，但真的被问到这个问题的时候，我内心还是紧张得犯起了嘀咕，一方面当时自己心中并没有固定的想法，另一方面也害怕挑挑拣拣的表现会影响录取，所以最后就回答了："随便，都可以！"结果，等到了学校，大家无意中

聊起选学语种的话题时才发现，当初凡是回答"随便！"的同学统统被分配在德语班了。

进了德语班上课之后，老师们就不讲中文了。当时附中采用听说领先和启发式的情景教学，老师用手指着窗帘，然后告诉我们窗帘的德语，就像这样在课堂里营造外语的氛围。当同学们向老师提问的时候，老师也要求大家用学过的德语单词来描绘。比如有个同学想问老师"邮票"怎么说，就会一边用手比划着，一边用已学过的德语描述"一张小小的图片，四面全是牙齿……"我们的词汇就这样一点一点地积累起来。为了设置更多的情境，老师们还会在课堂上安排很多互动，比如课文的分角色表演，或者编排德语短剧，印象最深刻的就是当时我们用德语表演周扒皮的故事，半夜鸡叫这种桥段现在还记忆深刻；又比如集体游戏，大家就把教室里的桌子椅子都打乱，摆成商店或是汽车，模仿生活中的各种情景，当时一些经典的句子直到现在同学聚会时也常被大家提起。当时罗佩明老师用优美的女高音教唱的德语歌曲，比如《蓝旗歌》《台尔曼纵队》等，至今依然余音袅袅，同学们相聚时仍能信口唱响。

但我当时并没有想到，和德语的"蜜月期"没过几年就结束了。1969年我离开学校去贵州独山插队落户，那里的生活条件非常艰苦，学习更是难上加难的事情了。尽管同学的姐姐给我们寄来了很多高年级的教材，但当时没有德语的教材，德语也就无奈地暂且放下了，只是我们几个一起去的德语班同学平时聊天的时候偶尔交流交流（其中也包括后来我的爱人）。1970年底，我被上调到贵州都匀四机部所属的国营群英无线电器材厂工作,并在1973年通过了四机部在都匀083基地的文化考试,被南京大学化学系无机化学专业录取。在去报到的时候,我本来想要申请转系转专业,继续学习德语。上外附中德语教研组过惠琦老师的同学在南大外文系德语专业任教,我带着过老师的推荐信,心里想着万事俱备,结果没想到最后是自己禁不起化学系主任的反复"劝导",还是留在了化学系学习。毕业后的近十年间,我都从事着与化学相关的工作。

在阔别德语十几年后,一个偶然的机缘让我终于还是与德语重聚了。20世纪80年代初,关于宝钢建设引进设备的谈判结束。冷轧和热轧项目的合作方都是德国西马克公司。1983年合作合同正式进入实施阶段,有关联合设计和合作制造的赴德培训团组开始陆续派出,可想而知德语翻译的需求量有多大!因为负责谈判的主要翻译是上外附中1967届德语班的同学,所以他们推荐了凡是有可能参与翻译工作的所有同学,而我是唯一一个离开上外附中后没有再继续学习过德语的同学。由于长时间没有应用德语,加上宝钢项目中涉及大量的技术词汇,这个项目对我而言是个不小的挑战,工作多年之后我又重新做起了学生。庆幸的是,虽然之前在附中学德语是以生活方面的口语为主,但是语言基础是打得非常扎实的。因此,我拿着一本宝钢的词汇手册自学,还听了一些德国专家的技术讲座,经过一段时间后,我终于通过了考核,加入了赴德培训的翻译行列。

我刚到德国的时候,自然也遇到了很多困难。到了那边,首项任务是学习和熟悉德国工业标准的大课。每个组的翻译轮流上去翻译，这可是真枪真刀地干活啊！不要说是德语词汇了，就是这方面的中文知识也是少之又少的！怎么办？怎样来面对？关键时刻，在附中"情景教育"中练就的基本功发挥作用了！别的翻译在上面翻译时，我认真听，抓紧学，默默记；轮到自己上场时，稳住心态，集中精力，遇到不懂的，就想方设法地问清楚了再翻译。课余时间我虚心地请教组内的工程师们，跟着他们去车间，在"生产"的场景中学习各种技术术语、不同机床的工作原理、加工的工艺流程等，并且在实践中举一反三，这使得我在尽可能短的时间内克服了困难，适应了工程技术的翻译，并从一个稚嫩的翻译逐步成长为一个合格的好翻译。我先后参加了宝钢冷轧项目（1983年4月至1984年10月）和热轧项目（1985年7月至1986年5月）赴德培训的翻译工作。

1986年我从德国回来，正值上海大众汽车有限公司招聘德语翻译，我顺利地应聘成功，从一名化学工程师"逆袭"成一名德语翻译。在上海大众的翻译岗位上工作了两年左右后，我回归了技术岗位，直至退休一直在技术岗位上兼职着技术翻译工作。

自从在上外附中学习了德语以后，我这一辈子似乎就跟德语结下了不离不弃之缘。它成就了我的机遇，成就了我的工作，也成就了我幸福的家庭生活。感恩附中，感恩附中老师们的精心培育。学弟学妹们，不管你们在上外附中学习何种语言，都会有光辉灿烂的明天！

72

校友信息

姓名：郑春荣

中学所学外语语种：德语

毕业年份：1987 年

本科阶段就读大学名称、专业：上海外国语大学德语专业

研究生阶段就读大学名称、专业：同济大学马克思主义理论与思想政治教育专业

博士阶段就读大学名称、专业：德国达姆施塔特工业大学政治学专业

从事职业（公司、职务）：同济大学长聘特聘教授、博士生导师，同济大学外国语学院党委书记，同济大学德国研究中心主任

培养精语言、通领域、融中外的区域国别人才

——兼谈上外附中学习经历的心得体会

上外附中的六年学习经历给我留下了不可磨灭的印象。想当年，学习德语纯粹是机缘巧合。当时，还在小学三年级时，我曾经报考上外附中的附小部，可惜未被录取，如果当时被录取，主修的外语将是英语。初一被上外附中录取时，我在可选的两门主修语言——德语和法语当中选择了德语，这在很大程度上受到了我父亲的影响。他虽然从没有去过德国，但是对"德国制造""德国啤酒"等时常

娓娓道来，激发了我了解这个欧洲中心大国的兴趣，这一对域外知识了解的渴望始终伴随着我的学习和工作生涯。

外语学习为升学深造插上翅膀

在上外附中完成高中学业后，我对深入外语学习形成了浓厚的兴趣，尤其希望在熟练运用德语的基础上，进一步探索德语这门语言的内在奥秘，以及了解德语国家的国情特征。为此，我选择了在大学期间继续学习德语语言文学专业。幸运的是，经过遴选，我获得了免试直升上海外国语大学德语专业的机会。

印象里，我的本科毕业论文研究的是文学作品，但是在大学学习期间，我对德国概况、德国历史等课程特别着迷。这也促使我后来在硕士和博士阶段，选择跨学科就读语言以外的专业，以加强自己对领域知识和能力的储备。

出色的德语语言能力为我在德国的大学攻读博士学位奠定了扎实的基础。德国大学里讨论课居多，因此，经常需要运用德语和德国同学进行辩论，这时在上外附中逐渐养成的辩论口才派上了大用场。而且，在国外读博需要阅读大量德语和英语的一手文献，同样，在上外附中培养的阅读理解能力，使我能够在短时间内了解到国际学术前沿动态。

外语学习为职业发展打开大门

大学毕业后，我就进入了同济大学工作。同济大学是一所有着深厚对德交流与合作传统的综合性大学，我从上外附中起就积累起来的德语语言能力和德国国情知识有了更大的发挥作用的舞台。

一开始，我在德语系担任公共德语的教师，教授理工科学生初级德语。但与此同时，我也承担了专业德语的视听课，向德语专业的本科生讲授德国的国情知识。后来，由于工作的需要，我校内调动到同济大学德国问题研究所工作，专门从事德国及欧洲的政治、经济、社会和文化方面的研究，并承担《德国研究》杂志的主编和责编工作。

经过一段时间的学术成长，目前我担任外国语言文学学科区域国别研究方向的带头人，并培养这个方向的硕博研究生。回望我走过的职业发展道路，应该说，上外附中阶段的学习为我当前职业理想的实现打下了很好的基础，我在上外附中阶段立下的当一名大学教师的"理想职业"梦想也顺利实现。

"多语+"复合型区域国别人才是国家之需

在人工智能等新兴技术日新月异的背景下，外语人才将被替代的论调时有出现。如果我们只是聚焦外语的工具性，即外语语言的运用，则的确会有被取代的担忧。但是，特别重要的是，我们要更多地挖掘外语的人文性，包括了解语言对象国和区域的文化、历史、政治、经济等情况，这就会使外语人才获得职业发展的新赛道。

当前，随着中国日益走近世界舞台中央，国家急需大批精外语、通领域、融中外的区域国别人才，通过他们在各类涉外部门的工作和奋斗，提升中国的国际影响力和话语权。结合自身的职业发展以及在区域国别人才培养中的经验，我觉得以下几点对于区域国别人才的成才非常重要。首先是"精语言"，不能只是会一般的运用，而是应能够像母语者那样去交流和辩论。而且，不只是熟练掌握一门语言，而是应努力掌握第二乃至第三外语，因为每一门语言的背后是一种文化，多掌握一门外语，也就多了一个文化交流的视角。其次是"通领域"，这就要求同学们在语言之外，还能掌握一门或更多的其他学科，例如政治学、经济学等的理论和知识，使得自己能够在某个领域深耕下去，成为"领域通"；最后是"融中外"，我们每位同学都是中国文化的使者，我们应运用自己的外语知识做好精准国际传播，用对象国和区域的民众听得懂、听得进去的方式讲好我们中国的故事，同时，通过国际比较，进一步坚定我们的文化自信自强。

校友信息

姓名：**陈壮鹰**

中学所学外语语种：**德语**

毕业年份：**1988 年**

本科阶段就读大学名称、专业：上海外国语大学德语系

博士阶段就读大学名称、专业：瑞士伯尔尼大学日耳曼学系

从事职业（公司、职务）：上海外国语大学研究生院院长兼德语系主任，教授、博士生导师

梦想和人生开始的地方

记得小时候，父亲曾对我说，上海有一所非常神秘的学校，进去的孩子都说外语，不说汉语；都吃西餐，不吃大饼油条；长大毕业后要么当外交官，要么当特工。这一下子激起我巨大的好奇。世上还有这样一所学校？那我一定要努力学习，争取考进去。

后来考入上外附中后，我才发觉里面的生活和爸爸讲的完全不一样——汉语外语都要说，米饭馒头是常态，西餐只在教科书中或者外教家里有，毕业后的同学们散布五湖四海、各行各业。但有一点爸爸说得对，这是一所与众不同的学校，有着一群优秀敬业、对学生无比关爱的老师，一群聪颖好学、活泼可爱的孩子和国际化的优越办学条件，这里培养出的学生出类拔萃。

上外附中的六年学习生活对我一生至关重要，它奠定了我的人生基础，确立了发展方向。很多人问我，当年你为什么选择学习德语？也许是命中注定吧。北京大学德语专业是我国德语专业的摇篮，由受过鲁迅称赞的著名诗人兼学者冯志先生担任系主任。新中国第一和第二代日耳曼学领军学者大部分出自冯先生门下。我的大舅虽不属领军人物，但亦有幸师出同门，毕业于北大德语专业。当学校征求语种志愿时，我母亲说，既然你舅舅是读德语的，那你也跟着读吧。于是，我的命运从此与德语绑定。其实我在进附中读德语之前与大舅从未谋面，反而是教我的德语老师里有毕业于北大德语专业的。现在回想起来，当年老师教我们时的场景历历在目，心头涌上的是无尽温暖和亲切，仿佛一切都沐浴在明媚的春光里。

光阴荏苒，弹指一挥间，四十年过去了，我的工作、生活始终与德语有关，而附中六年寒窗苦读打下的扎实语言基础和优秀表达能力，令我获益匪浅。高三毕业时我有幸被保送上外德语系，直接跳级进入本科二年级开始学习。由于早已过了语言关，因此我比其他同学有更多的时间可以学习自己感兴趣的非语言课程。当别的同学还在操场上苦背字典的时候，我已在图书馆里畅游文学、艺术、哲学、历史的海洋。当别的同学还在练习翻译造句的时候，我已开始积累口笔译实战经验，出现在上汽大众、宝钢、上海展览馆等改革开放中外交流的前沿，亲身体验先进技术与不同文化带来的震撼。我的大学生活虽然只有短短的三年，但这是一段非常充实、丰富而精彩的时光，是跨越、贯通与融合的三年。我要衷心感谢上外附中对我的悉心培养，让我不仅掌握了优秀的外语知识，而且培养了敏锐的观察力、开放包容的学习心态和勤勉自律的良好习惯。

大学毕业后，我留校从事德语教学工作至今。先后在德国海德堡大学、瑞士伯尔尼大学、德国弗莱堡大学进行深造和从事学术研究。

受惠于上外附中赋予我的优秀口语交际能力和上外本科期间的专精深学习，我被瑞士伯尔尼大学破格录取为博士研究生，并在两年内顺利完成博士学业，以优秀等级获得博士学位。

至今我的脑海里还清晰地印刻着答辩通过的那个下午：答辩委员会主席与我握手，祝贺我顺利通过博士论文答辩，然后与导师合影。导师请我一起喝咖啡，聊了会儿未来发展。我告诉他自己准备回国任教，用所学的知识为中国走向世界、让世界了解中国尽一份绵薄之力。导师听了我的打算，感到非常高兴。与他道别后，我独自一人来到街心花园，坐在长椅上。初夏的瑞士百花吐艳、鸟声啾啾，午后的阳光晶莹地洒在身上，让人觉得温暖。此时此刻，我人生中的求学阶段画上了圆满的句号。过去的学习生活如同电影闪现，从小学到中学，从大学本科到博士毕业，在脑海中不断回放，所有经历过的重要的人和事都快进了一遍，而让我至今仍难以忘怀的是，当时我想起最多的是自己在附中的老师、同学、挑灯夜战和球场狂奔。那是一段铭刻在我生命中无法抹去的日子，老师和同学用他们的关心友爱和激励互动塑造了我的人格，打磨了我的品行，使我成为一个意志坚强、不畏困难、百折不挠的人。

回望来路，我在德语语言文学研究与教学领域已经耕耘了三十多年，而这一切的起点就是上外附中。每当我路过学校，都会忍不住抬头看向那熟悉的教学楼，想起自己曾在教室里琅琅读书，也曾沿着走廊向食堂狂奔。那是我少年梦想开始的地方，也是我迈出丈量世界第一步的地方。

如果生命中能有机会再次选择，我想，我依然会毫不犹豫地选择上外附中这所卓尔不凡的学校，开始新的人生篇章。

PROF. DR. CHEN ZHUANGYING
Dekan der Germanistischen Fakultät, Shanghai International Studies University

校友信息

姓名：强祯蔚

中学所学外语语种：德语

毕业年份：1991 年

本科阶段就读大学名称、专业：上海外国语大学德国语言文学系

研究生阶段就读大学名称、专业：美国约翰霍普金斯大学经济系、计算机科学工程系

博士阶段就读大学名称、专业：美国约翰霍普金斯大学经济系

从事职业（公司、职务）：世界银行数字发展局局长

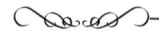

再回首，感激依旧

适逢附中 60 周年校庆，作为一名校友，我对母校充满了怀旧和感激之情。附中的六年，是我成长过程中建立价值、发现激情、收获友谊的时光，一直在我心中占据重要的位置。

1985 年进入附中时我被分到德语班学习，至今已 38 年过去了，但在附中学习德语、不断成长的片段仍记忆犹新。附中老师对语法和词汇的基础学习抓得比较紧，注重口语，鼓励同学们多说多讲，让大家勇敢地用外语交流表达。另外，与其他学校区别较大的是，附中还请德国外教授课，讲授德国的文学、文化，让我们感受到德国文化的魅力。附中的教学并不囿于课本教材，而是紧随时代、与时俱进、灵活调整。我上高中时，恰逢两德统一之际，老师们立马调整教学内容，为我们讲授德国的历史、两德如何分裂又怎么走向和平统一等，将时代背景与国际大事融入了日常教学，与国际接轨。

除了日常教学，附中还搭建了丰富的文化实践平台，鼓励学生参与各类形式的学习活动。附中经常组织外语写作比赛，各年级都可共同参与，我初三时参加了这个写作比赛，和高年级的同学一起竞争。除写作比赛之外，高年级的学长学姐还组织了表演活动，演唱德语歌剧，把德国、瑞士的经典文学作品搬上舞台，给我留下了深刻的印象。

除外语教学之外，附中也重视数理化学科建设，老师们选拔成绩优秀的同学参加理科加强班，鼓励学生参加奥林匹克竞赛。文理并重，全面发展，附中培养了一批又一批全面发展的优秀人才。

我于 1985 年初入附中，1988 年去汉堡做交换学生，1991 年在上外读大学时在夜校学习了英语，1994 年来到美国留学，1998 年开始在世界银行工作，至今 25 年。对我而言，每一天都是成长、学习和自我发现的旅程。我常常和我的家人讲起对附中的记忆，提及最多的有三点：

首先是文化理解和同理心。可能是学语言的关系，附中学生（包括我）愿意与来自不同文化和背景的人交流。当时几所附中一起编辑的世界文学选集让我们有机会阅读来自各国的名著，也了解了文学背后的习俗、传统和历史，提高了分析和批判性思维能力。更重要的是，这种多元文化理解可以拓宽视野，培养同理心，丰富对世界多样性的包容和欣赏。

其次是韧性、自律和耐心。严格的校规校训、从小集体住宿的生活培养了我们的纪律性和严肃性，也让我们学会如何与他人相处。我们早上六点半起床，和着欧洲名曲排队进操场做早操；上完一天课后要继续上晚自习，回到寝室后九点半统一熄灯，偶尔还会被查寝老师发现有同学不睡觉在讲话。在这样日复一日的学习生活中，我们养成了良好的生活习惯。另外，老师们严格管理学生，要求大家按时完成作业、经常背课文、及时预习复习。令我印象深刻的是一位历史老师，他要求同学们"字必须写好"，同时以身作则做好表率，每次上课都会一笔一画地在黑板上写下工整美观的板书，令人赏心悦目。我经常在提笔写字时，会想到历史老师犹如印刷的板书笔记，现在我也要求自己的小孩"字写工整，每一行都要整整齐齐"。这些制度经历都培养了我们的适应能力，帮助我们养成良好的学习和生活习惯，并培养人的韧性，提升解决问题的能力。韧性、自律和耐心成了我生活中的重要价值观。毕业后的很多年，靠着这些能力和价值观，我不断扩展自己的舒适区，理解了成功通常不是一蹴而就的，需要时间的沉淀，要学会等待并接受失败，而后继续坚持。

最后是旅行和探索的好奇心。1988年9月，我前往汉堡做了一个月交换生。途中，我们跨过了柏林墙，真实地看到了东德和西德经济发展状况的差异，年纪尚小的我对国际局势有了深刻认知。有附中的德语学习经历加持，我在德国交换期间并未遇到语言障碍，基本能够交流自如。交换期间，我切身体会到了中西方教育方式的不同，国内的教育较为严谨，提倡"师道尊严"；而我在德国上课时，同学们上课期间随意进出，老师和学生"打成一片"，更为随意，有利有弊。

另外，交换期间我还了解了德国严明庄重的社交礼仪。虽然附中的教学已经渗透了西方的社交礼仪知识，但当我看到学校每学年都会在酒店举办两次大型舞会，同学们盛装出席，翩翩起舞时，还是受到了很大的震撼。短短一个月的交换体验，帮助我了解了德国的饮食、社会、文化，也拓宽了我的眼界，培养了我去各地旅行的兴趣和对世界的探索欲。

在世界银行工作的这些年，我一共去了75个国家，帮助当地政府发展数字产业，提供经济援助，促进发展中国家经济社会的持续发展。我目睹了发展中国家部分人民艰苦的生活，体会扶贫工作的复杂与艰巨，深入了解了人类面临的挑战，感受了世界的复杂性和相互联系，从而认识到自己的权利与责任。有幸我能一直葆有探索帮助扶贫、产生积极影响的愿望和作出贡献的机会。

多年来，附中不仅吸收了国际教育体系的优秀发展成果，也积极向世界发声，推动国际交流，教育同学们在"走出去"时积极表达自己的意愿和理想。上外附中对卓越教育的持久承诺和坚定不移的学校精神适应了不断变化的时代，同时保留了定义它的价值观，继续激励着一代又一代的学生。在我的人生旅程中，我带着这些教导和回忆，深深获益和感激。

致所有在校学生：珍惜每一刻，拥抱每一个机会，保持旺盛的好奇心和求知欲，一直保持学习状态，追求卓越，你在上外附中的时间将塑造你的性格品质，影响你的人生道路。在我们庆祝这个周年纪念日之际，祝愿母校下一个60年继续卓越。

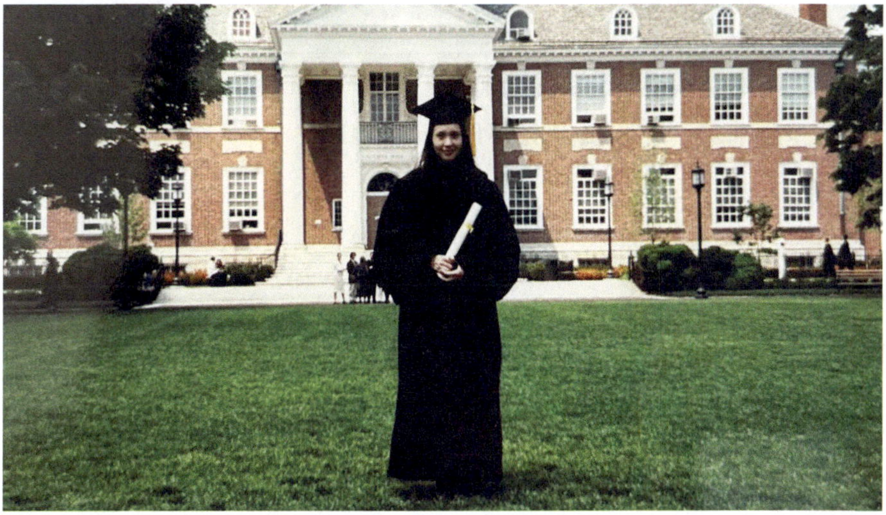

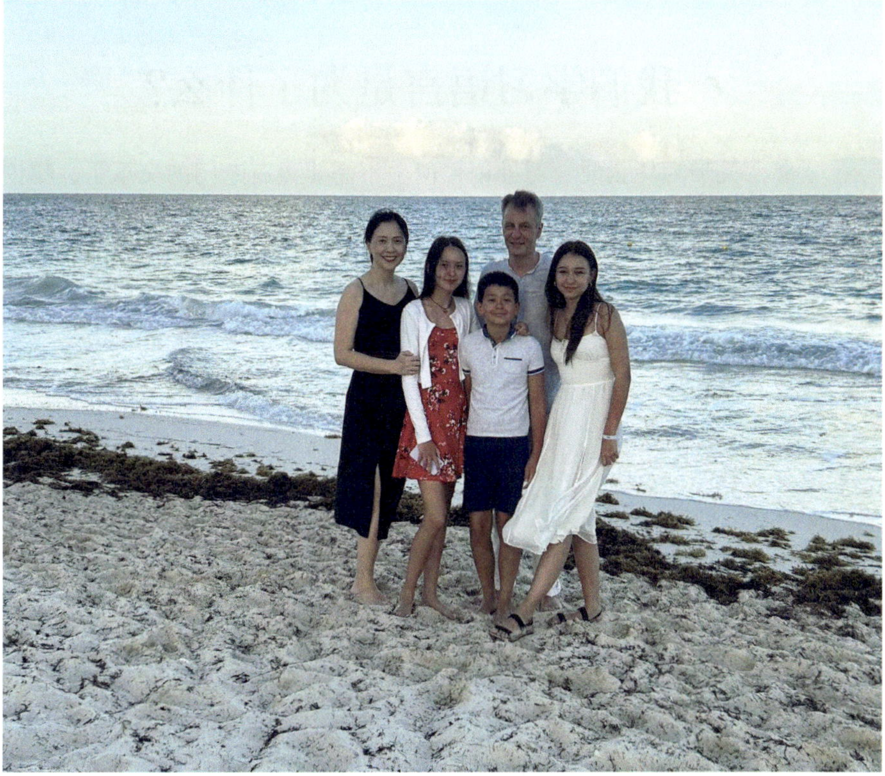

校友信息

姓名： 高倩蓝

中学所学外语语种： 德语

毕业年份： 1993 年

本科阶段就读大学名称、专业： 上海外国语大学日耳曼文学专业

研究生阶段就读大学名称、专业： 柏林自由大学哲学专业

从事职业（公司、职务）： 原媒体从业者，现为自由学者，并在柏林从事文化和媒体的咨询业务

我们学习语言是为了什么？

关于为什么要学习外语，似乎不需要再有专门的文章了，哪怕是关于把语言学习作为一种工具的驳斥也足够多了，似乎不需要我在这里画蛇添足，尤其是对于上外附中的学生来说，你们应该都被教育过，掌握一门或几门外语不仅事关以后人生的成败，也是作为一个精英，教养中不可或缺的部分。我和我的同学们都永远记得，王哲光老师是如何在课堂里给我们灌输精英思想的。今年夏天在北意大利的湖边小城斯特雷萨（Stresa），我很容易地又想起了当年课堂里的这一幕，因为斯特雷萨曾经在一两百年里接待了所有的英国贵族，也就是当年英国的精英。为什么英国精英都要来这里？因为英国的贵族子弟都要接受古典教育，古希腊语和拉丁文是他们教养中不可或缺的一部分。而在这一教育完毕之后，作为结业旅行，他

们需要离开英伦小岛,去见识那个之前在教科书和故纸堆里反复出现的欧洲大陆,去实地探访罗马的古迹和希腊的神像,这一旅行可以长达几年,所以被称为 Grand Tour,意大利当然是其中最重要的一站,而斯特雷萨就是意大利这一站的起点。不仅是英国,对于法国和德国的贵族子弟来说亦是如此,在德语里 Grand Tour 叫做 Bildungsreise,而德语文学里重要的一个类别 Bildungsroman 就和这一旅行紧紧相连。进入现代,精英的定义变了,德国文科中学里还教授古希腊语的寥寥可数,选修拉丁语的也只是为了将来学医学法律,学习外语似乎真的变成了只是掌握一门工具,就和学习编程、学弹钢琴一样。这个时候我们就要回过头思考,究竟什么是语言?如果我不想做精英,如果我就是一个失败者,我是否还要学习一门和我自己的母语完全不同的语言?我想先从一件似乎和此事无关的个人经历说起。

20 世纪 90 年代末,我在柏林念哲学,柏林墙倒后的那十年可能是柏林城市史上最狂野的十年。有一个冬天的晚上,我准备去东柏林的巴比伦剧院看一部黑白苏联电影,那时候没有智能手机和谷歌地图,天下着雪,我迷路了,路上几乎没有行人,好不容易遇着两个结伴而行的妇女,她们给我指了路,我谢完她们,想着赶紧上路,其中一位突然对我发起了感慨:"巴比伦这样的电影院只会出现在东柏林,他们西边是不会有的。"我一时不知如何应答,我知道西边有个军械库电影院,并不比巴比伦差。但这似乎并不是一个讨论的好时机。可能以为我没有听懂,或者是疑惑我居然没有反应,感慨的那位情绪变得激动起来,我努力地表示我听懂了,我能理解,但没有用,她继续激动地说着,直到她的同伴拉住她,小声地劝说:"你和他说这些干嘛?他怎么会懂?他怎么会懂?"于是这两位就这样拉拉扯扯,互相埋怨着,在雪中消失了。过了许多年,我认识了很多东边的人,听到过很多次:"他们西边的人不会懂。"我对东德的了解也大大增加了。现在的我完全同意那两位女士——当年的我并没有听懂。当我在这里说懂的时候,我想大多数人都会把它理解为文化上的理解,或者是历史和政治情态的理解,毕竟西边的人说的是同一种语言,但东边的人却反复在说,他们不懂。但我要说,这就是语言的问题,不是在日常语言中被窄化的那个工具性的语言,而是语言的本真意义。在这个事件上我的语言背景只是使这一事实更加突出了。如果说西边的人有着相同的历史和文化,使用的是相同的语言,那我和东边的人则有相同的意识形态背景,这也是当年的我有自信说我懂的原因。那为什么东边的人还要坚持说"你们不懂"呢?是因为我懂他们的意识形态困境,却不懂他们的历史文化而西边的人正好相反?答案应该就是如此。可是,真的能把这些一一拆开来吗?懂就是懂,我们不能说你在这里懂了,在那里不懂,那到底是懂还是不懂?东边的人显然没有那么混沌不清。他们提示得其实很明白,你们不懂的是我们的思维方式,我们思考问题的方式。思维才是这里的答案。无论是意识形态背景,历史和文化背景,还是种族和语言背景,在这个时刻都只是构成这个思维统一体的一小块,而这个思就是我前面说的那个本真的语言意义。

　　思必须通过语言,只有语言才能使思发生,那种不能用语言表达的所谓的思,神秘主义传统里的私人语言,维特根斯坦已经替我们证明过了,不存在。现在我们已经来到了正题上,我们知道语言就是整个的思维,我们学习掌握一门语言,看上去像在学一门技能,古希腊人说的 techne,但其实我们要学的是一整个思维世界,希腊人说的 logos。techne 和 logos,正是中国古人说的术和道。

　　现在我们要比维特根斯坦多走一步,既然思是在语言中发生的,那它当然也可以选择不发生,或者换句话说,它可以在某种语言里发生,而在另一种语言里选择沉默。我这里说的思是原初性、奠基性的思,以它为衍生才有了文化和文明,前面举的例子里那位妇女说的"懂"就最终来源于它。这里马上还要再加上一个重要的说明,"发生"的意义是指在某种语言里酝酿、萌芽、产生,这一过程没有在另一种语言(文明)里产生,并不意味着在另一种语言里就从此不发生,在合适的条件下这一思可以以某种程度事后发生,这就是所谓文化的传播,哲学在阿拉伯语、希伯来语、拉丁语里都没有"发生",但是这些语言所代表的文化仍旧很快就学会了像古希腊人那样思,汉语就不一样了,汉语中 philosophieren 的开始,是在文言白话化之后了,在现代汉语里,中国文化才开始有希腊人那样的思。那么究竟发生了什么?语言之间看来也有远近亲疏的关系,这种远近似乎也决定了思想上的亲疏,希腊语、拉丁语、希伯来语和阿拉伯语都是表音文字,而汉语是表意文字,作为屈折语的古希腊文是通过词形变化来标示词的语法功能的,而孤立语的古汉语没有任何词形变化,语法功能主要是通过词在句子中所处的位置来呈现。这个看似并不重要的区别迫使古希腊人去研究这些词形变化的规律,也就是语法,以借此正确地作文、说话。而这个语法的研究又带出了修辞术和逻辑学,亚里士多德把修辞学和逻辑学发展成了他的工具论,有了这些分析工具,亚里士多德就可以研究第一哲学——形而上学了。古代中国人呢?我们也有句法、词法和字法,最后还有文法,但这些都和语法无关,是遣词用句的方法。因为孤立语的特点,我们对自己文字研究的重点是造字法,也就是传统经学中的小学,《说文解字》代表的六书系统向上可以溯源到易和卦爻的经传传统,毕竟《说文解字》里就说中国文字的最初形式就是卦爻。所以在古汉语中发生而没在表音文字中发生的那个思,就是我们的大易之思。这里无法深入展开了,让我们继续紧跟我们的问题,既然表意文字里不能诞生哲学,为什么有了现代汉语以后又行了呢?因为语言是历史性的,外部的力量可以带来反思,反思又可以给语言带来改变,汉语已经不是第一次由外力带来反思又造成改变了。第一次是佛教传入中国,由佛经的翻译、对梵语的学习带来的反思,这种反思让南北朝的和尚们发现了汉语的四声,倾注在字形上的注意力第一次分给了声音,就此诞生了汉语音韵学,而音韵学对于汉语的发展是决定性的,没有音韵学就不会有格律的发明,也就没有了唐诗宋词。第二次反思则带来了《马氏文通》,这次的改变可能更大,因为它正努力把自己改造成一个语法要素齐全、可以进行语法分析的理性语言,这就回答了前面为什么有了现代汉语以后就行了的问题。汉语的这个"西化"过程仍未结束,这也是为什么我们的社会科学、人文科学仍旧和西方的不太一样。如果你们了解德国法学家使用的德语,就知道法学德语近乎一种再创造的人工语言,严格排除每个词的歧义性,以达到表达的严格精确,那有没有类似的法学中文呢?恐怕连近似的也没有,而且我严重怀疑法学中文的可能性,因为中文是一种文化语言,它追求词的多义性,意义的含糊性,在这种含糊性里使一个词的意义具有尽可能的深度和广度。和文言相比,现代汉语已经大幅收窄了这一意义空间,以提升表达的精确性,但是和表音文字比仍旧具有本质的区别。所以语言再怎么变化,也会有极限。你除非把汉语拉丁化,彻底变成表音文字,不然汉语就还保持着它表意文字的本质,反过来对于表音文字来说,再怎么万江入海,融汇各路字母语言,只要它主要还是表音,就难以复制出易传里以卦爻演算、占卜为基础的天人感应观。

至此我们可能已经撞到了一个头等重要的认识：语言决定了我们生活世界的边界。思想并不是自由而无边界的，语言划出了那条线，在线那边是不可知也不可思的，只有在线这边才是思的自由疆界。

我想现在你们应该知道我会如何回答文章开头的问题了，我们为什么要拼命学习一种和自己的母语完全不同的语言？因为我们想有另一种可能，因为另一种语言许诺我们一整个不同的世界。有位老诗人朋友，年轻的儿子也是个写诗的奇才，老诗人劝他好好学习外语，儿子很犟，想了一个自以为无法反驳的理由——李白不会外语，不是也写出了前无古人后无来者的诗吗？老诗人一时不知如何作答。我想你们现在应该知道如何回答。的确，这和写不写得好诗无关。但是没有那些和尚对于梵语的刻苦学习就没有音韵学，没有音韵学就没有格律诗，没有格律诗就没有唐诗，没有唐诗自然就不会有李白。另外谁说李白不会外语，有很多证据都指向他会突厥语！

校友信息

姓名：王鸣菲
中学所学外语语种：德语
毕业年份：1993 年
本科至博士阶段就读大学名称、专业：亚琛工业大学外学系
从事职业（公司、职务）：格罗方德半导体公司项目经理

"神仙学校"，
很幸运我们都曾是其中一员

  1987 年，我进入附中德语班学习，学哪个语种是学校按照笔试口试成绩分配的。还记得小学六年级时，我稀里糊涂地被送到附中参加了几场考试，回去也就忘了，正常上课，有一天去老师那里取作业的时候老师顺口通知我被附中录取了，是德语班的。当时也就是听听而已，对前途一片茫然，觉得学什么都一样。现在回想起来，那就是人生的第一个岔路口。将德语作为第一外语学习，意味着未来都会以德语为中心，专业选择、出国留学等都不可避免地与德语产生联系。

  附中与其他学校在外语教学上的最大区别是，附中采用原版德国教材进行教学，且不仅仅停留在书本层面，更重视口语、听力等实践层面的训练，这在当时是非常少见的。众所周知，中国学生到国外学习时，交流沟通都会有一定的困扰，而从附中毕业的学生则不会有太大的沟通障碍，这得益于附中对学生听说能力的严格训练。

高中毕业后，我前往德国亚琛工大学习化学专业，在那里度过了本硕博的八年时间。2004年我在亚琛工大化学系拿到博士学位，之后就一直在半导体行业工作。

在德国待了这么多年，我观察了周围朋友到德国后的适应过程，一般会经历三个阶段，才能较好地融入德国的社会环境。第一阶段是新鲜感加语言障碍，大多数时候也不知道别人在说什么，全靠热心人指点，所以会觉得外界对德国人的所谓排外的讲法纯粹胡扯，感觉周围的人都很友好。第二阶段开始听得出话里话外的潜台词，感觉到隔阂，总结成排外，开始有各种不满。第三阶段才发现潜台词后面的意思，其实不论在家，还是在国外，人都是一样的，各种矛盾的存在不会因为国家语言而改变。语感强的人在国外生活过程中的感受比别人要深入得多，所以也能更客观地接受和处理各种矛盾。

我个人觉得在附中学习外语，真正的优势并不是比别人多知道多少单词，少写多少语法错误，而是在于语感，即对于语言的感受和理解。词汇量和语法表达随时可以靠苦练提升，而对语言的感受确实是越早越好。附中学生在很小的年纪就能够感受另一门语言的魅力，对国外社会文化有一定了解，所以到国外留学后，能够跳过第一阶段的语言障碍，较快地融入当地社会。我记得在附中学德语的时候，有德国外教给我们上课，每年还会有德国学生到附中来参观交流，我当时作为翻译陪同，进行简单的德语对话。在中学阶段我已经和德国人打过交道，接受了专业系统的德语训练，所以我到德国留学后，并不会对周边环境感到陌生，几乎没有什么语言交流或文化理解方面的困难。

除了掌控所学语言的能力，在附中锻炼出来的学习语言的能力也很重要。在附中我主要学习德语，几乎没学过英语，后来也没什么机会系统地去学。读博士开始，因为周围有些同事不懂德语，文献也都是英语的，所以我开始 learning by doing，偶尔用英语表达，三年以后去公司工作就是主要用英语交流了。回想一下，我能在没好好学过英语的情况下那么快地熟悉英语环境，靠的就是在附中养成的多听多说、感受不同语言的习惯。

至今在海外华人圈里，都能听到神仙学校的传说，每次想起自己也曾经是附中的一员都很自豪。很怀念在附中的六年时光，很感谢母校对我们的培养。我相信学弟学妹的本领才华都已经远远超过当时的我们，希望你们永远保有附中的包容性，允许别人和自己不同，尊重、理解不同国家和社会的文化价值观，不断进步，一直向前走。

校友信息

姓名：应豪

中学所学外语语种：德语

毕业年份：1995 年

本科及研究生阶段就读大学名称、专业：复旦大学法律专业，汉诺威大学经济学和信息管理专业

从事职业（公司、职务）：大学毕业后留德工作，先后在毕马威咨询、德国汉高和 ALDI 任职。2016 年随着 ALDI 进入中国回到上海，目前在 ALDI 奥乐齐中国担任集团总监，负责奥乐齐中国的线上业务和 IT 建设

附中记忆：德语之旅与成长印记

在附中的六年时间不长也不短，回想起来，这段中学生活对一个人日后的影响是很大的。这次有幸应附中 60 周年校庆活动之邀，在毕业 28 年后回顾一下附中生活给了我哪些收获，和学弟学妹们略作分享。

德语是一个很冷门的语种，20 世纪 90 年代初的时候没有互联网，那时能接触到的德语资料非常少，关于德国和欧洲的信息也极度匮乏。对这门语言和这个国度的了解只能从德语老师那里获得。附中那时不仅有多位去德国深造过的中国老师，还有一位德籍老师来给我们上课。印象深刻的是，老师们给我们播放他们在德国生活时自己录音的无线电节目来丰富教学内容。这极大地激发了我的好奇心和对德语的兴趣。为了接触到更多的德语内容，我那时还恳请父母出"巨款"买了一台能收到短波电台的收音机，下课时跑到空旷点的地方收听"德国之声"。虽然声音模模糊糊，我那时也只能听懂只言片语，但每当听明白一段意思后，我总是兴奋不已。而这份对新鲜事物的好奇心和兴趣一直保持了下来，使我在日后的学习、工作中获益匪浅。

俗话说师傅领进门，修行靠自身。当年附中教学的成功一是在于激发了学生们的学习兴趣，给予了指引，更是培养了学生们自身良好的学习习惯和刻苦钻研的精神。记得那时的晚自习时，同学们早已把课堂上布置的作业完成了，都在研究从各种渠道找来的难题怪题。记得有一次不知谁从哪里找来一道几何题在班里传阅，学霸们研究了几天也没解出来，最后惊动了北大数学系毕业的数学老师，他在某天的晚自习结束前来到教室，在黑板上画了满满一片，最后说了句："这个题远远超出目前范围，有兴趣的同学可以看看。"经过附中特有的学习环境的打磨，不知何时自己也染上了这种不把一个问题搞清楚便觉得浑身不舒服的强迫症。正是这个习惯让我在日后碰到难题时能够坚持下去，保持在学习和职场上所需要的坚韧。

当年，附中的教学方法可以说是走在了时代的前沿。在外语课和语文课前，同学们要轮流进行一个5—10分钟的小演讲，演讲的主题或是老师指定，或是完全即兴。步入职场后，我发现这一次次的小演讲锻炼了我在各种场合下从容发言的能力，我可以思路清晰地表达出自己的想法，不会感到不安或慌张。此外，附中的外语课采用小班教学，课堂气氛活跃，同学们常围坐在一起进行小组讨论。与传统的45分钟课堂相比，这种教学方式对我在工作中进行开放式互动交流大有裨益。我相信附中的学生在工作中不会只是执行"听领导讲→做笔记→执行"这种单向交流。此外，因为当时学德语的人很少，我们经常会有一些接待德国来宾和同德国中学生交流的活动。这使我们比较早地通过民间渠道接触到德国人对中国的各种认知。印象比较深刻的是一次和德国中学生激烈地讨论环保和工业发展的关系。当时很不理解德国中学生为什么会有为了环保而宁愿减缓经济发展速度的观点。而正是通过这类的接触和交流，我慢慢了解到不同文化和人群的不同看法，从而在潜移默化中有了比较开放的心态。在我日后的留学和在国外的工作经历中，当碰到不同肤色、文化背景和习俗的人时，我都能够比较客观中立地去倾听和对待。

如果说当年人们提起附中时想到的是在附中可以学到多种小语种，那我要说，附中教会我的除了德语之外，还有对新鲜事物的好奇心、有韧性的学习精神、对自我展示的不惧和对不同文化和人群的开放心态。随着社会的进步和繁荣，德语不再是那么冷门的语种，学弟学妹们也有比我们那时丰富得多的学习资源。相信现在有很多可以学习外语的地方，更希望学弟学妹们在附中这个良好的学习环境中能有除了学习好外语之外的收获。

校友信息

姓名：陈宇岭

中学所学外语语种：德语

毕业年份：1999 年

本科阶段就读大学名称、专业：复旦大学经济学系

研究生阶段就读大学名称、专业：波恩大学国民经济学专业

从事职业（公司、职务）：中债金融估值中心有限公司部门副总监

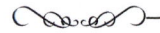

德语丰富了我的人生选择

考入附中，结缘德语

1992 年，我作为所在小学中成绩名列前茅的代表，被推荐来报考上外附中。当时只知道上外附中是市重点，并不了解这个学校到底有多厉害，抱着"既然有提前录取的机会，不妨一试"的想法，我参加了考试。谁曾想运气眷顾，据说是排在了第 100 多名考上的，并且被分配到了德语班。当时大家普遍英语启蒙比较晚，直到升入预备年级，我也只学了一年英语。因此德语对那时的我来说，是一门和英语几乎一样的新外语，不存在需要临时转换学习方向的困难，我便觉得新接触一个语种也无不可。

德语语法相对复杂，学习难度不小。但附中循序渐进、深入浅出的小班化教学让我具备了扎实的语言基础，学习的过程也并不乏味枯燥。我们的德语启蒙老师是罗佩明老师，她既是德语教研组组长,也是当时的附中校长。在名师的指导关怀下,我们从学习德语的一开始就接受着纯德语授课,从简单的内容学起,慢慢深入,很快就适应了这样的语言环境。后来有外教来接手我们的班级,课堂上的沟通交流也十分顺畅。

于是,德语学习就这样贯穿了我在附中的七年时光,其间换过了几任老师,翻过了数不清多少本教材,德语终于变成了刻在我骨子里的东西。

多样选择,开阔视野

高中毕业后,我进入复旦大学经济学系就读,没有继续在德语方面深造。究其原因,一方面是当时金融、经济类专业十分热门,有着较广阔的就业前景;另一方面,我始终把语言作为了解世界的工具,没有从事教育类或文化交流类工作的计划,便也没有下决心去钻研语言本身。

大学毕业后,我进入金融行业工作,和德语似乎离得更远了,但其实早在毕业时我就打定主意,未来要去德国继续深造。通过一段时间的工作,我对金融行业的职业环境有了一定的认识,也更加明确自己想要深耕的方向。于是在放下了德语五年多后,我又重新捡起了语法书和考试辅导材料,开始准备起每个留德人员都要面对的DSH考试。凭借多年的语言功底,我并没有花太多时间便通过了考试,学校的申请很快有了结果,就这样我在2005年踏上了波恩大学的留学之路。

2008年硕士毕业后,我选择回国,进入了金融信息服务行业,其间虽也换了几次工作,但至今一直在这个行业中历练。进入职场后,英语成了我的工作语言,用德语的机会几乎等于零了。十五年来,我与德语渐行渐远,似乎疏离到连基本语法都要忘却的地步,家里藏着的各种德语书也已积满尘埃,仿佛难逃去往旧书店的命运。但我在内心里依然觉得，其实自己从来不曾远离，只要一有机会再翻开那些书，曾经鲜活的单词和语句又会跳跃在眼前。

回过头看，虽然德语在经济学学习中并没有起到多大作用，但它让我的人生多了一个选择，并打开了我认识欧洲文化的大门，也促使我真正走出国门去探索外面的世界，不断丰富自己、充实自己，从而塑造了以后的道路。

不惧困难，稳定心态

在金融信息服务业这些年，伴随着中国金融市场的快速发展，我见证了行业的蓬勃向上。从最初的外资公司为主导，到民营企业大规模发力，再到国企的深度参与，这是一个相对小众但也依然充满机遇的市场。并且随着整个社会的数字化转型，各种类型的信息需求不断扩大，给了从业者广阔的空间。即使只从事一个细分市场，也能做出有很大价值的产品，为整个行业的发展添砖加瓦。

善于模仿、不惧困难、保持热爱，就能成为一个好的从业者——而这也是从小学习不同语种的经历给予我的启迪。熟练地掌握和运用一门外语并非易事，语感的维持并不仅仅靠扎实的语言功底，还需要时时巩固与练习，否则就难免会生疏。工作亦是如此，哪怕是对于已经掌握的知识，我们也需要常常回顾、反复分析，在这基础上逐渐深化对问题的理解，从而不断打磨、提升自己的业务水平。我始终相信，只要沉下心，拿出学习一门新外语的勇气和态度去面对工作中的挑战，那还有什么领域是不能成就的呢？

现在的孩子们相比我们那时拥有更优越的学习条件，但同时也面临着更多压力与竞争。在这样的环境下，保持稳定的心态十分重要。外语学习不是人生的唯一解，而是帮助我们开拓视野、了解世界的抓手，希望学弟学妹们以语言学习为踏板，全方面地提升自己，丰富自己的人生选择。

校友信息

姓名： 吴曦白

中学所学外语语种： 德语

毕业年份： 1999 年

本科阶段就读大学名称、专业： 上海外国语大学德语系

研究生阶段就读大学名称、专业： 德国某大学日耳曼语言文学、心理学、数学专业

从事职业（公司、职务）： 国际文化项目管理

语言不仅是工具，更是文化和思维

我是上外附中 1999 届的毕业生，在校期间一外是德语，二外是英语。我当年入学的时候，因为父母刚好在德国工作，所以虽然还没有接触过这门语言，但也觉得挺亲切、挺有意思的。

我们这届的德语启蒙老师是时任附中校长的罗佩明老师。她上课有一个特点，就是从第一节课起，她就坚持在课堂上只说德语。当时我们都是零基础，从最开始真的只能靠"猜"来领会德语字词的意思，到后来能够快速掌握这门语言，浸润式的语言环境起到了很大作用。罗老师离开附中后，由德语外教接手了我们班级。他的上课形式很活泼，在教材以外常和我们分享原汁原味的、德国小朋友们会看的书和动画片电影，还会带我们排演情景剧。这让我们在学习语言知识以外，也能更深入地了解德国文化。因为长期有外教的指导，我们习得了纯正的德语语音，在后来我自己出国留学或是使用德语联系其他老师时，对方总会说，听电话里的声音完全察觉不到我是一个非德语母语者。

中学毕业后，我通过直升考进入了上海外国语大学德语系。我们这一届是上外德语系由一个专业证书（德语专八）变为德语英语双专业（德语专八/英语专四）的第一届。大学的专业德语在起步阶段对于我们原本一外就是德语的附中生来说还是相对轻松的，但中学阶段二外课时相对较少，我们的英语基础在面对大学专业英语的要求时有些不够用。好在通过考试，我免修了第一年的德语专业课，也能省下不少时间补一补英语。英语和德语是同一语系的亲戚，在学习过程中有许多共通之处，经过努力，我也总算能重拾这门语言。

两门外语的重要性在后来的留学生活中更为明显。我在大三时离开了上外，申请去德国海德堡大学继续深造。由于高一时我就跟随附中的交流项目去过德国汉堡，对当地生活有一定了解，所以大学阶段再次来到这个国家，我很快就能适应和融入。附中学生的一外功底非常扎实，应对大部分课堂学习自然是没问题的，但有些科目还是会对英语有特别的要求。我的主修专业是日耳曼语言文学，第一辅修专业是心理学。虽然是在德国念书，但是教授推荐的许多教材和参考书却是英语的，课堂授课、作业、讨论、演讲和报告还是德语的——这就要求学生同时拥有两种外语的基本能力。

在临近毕业的时候，我收到了现在这份工作的邀请。这是德国的一家文化机构，当时在柏林运营一个音乐节，因为要和中国开展合作，所以希望寻找一名精通德语和中文的多语种人才，并且最好对音乐有一定理解。我虽然不是音乐专业人士，但是依靠语言优势和对文化的热爱，最终很幸运地得到了这份工作。起初我只是以助手的身份加入项目组，后来发现自己很喜爱这份跨文化工作，便坚持了下来，正式成为了一名国际文化项目管理者。这份工作带给我最直接的感受是，入职时固然凭借的是语言能力，但工作中更倚重的其实是语言背后的文化和思维。我们这个行业比较特殊，文化项目的管理既有专业性的内容，更有相当复杂的沟通层面的工作。我们面对的项目相关方从政府、企业、机构到艺术家个人都有，遍布世界各个不同的国家和地区。大部分的沟通都不仅仅是使用某种语言把事情说清楚那么简单，而是需要多体察考虑对方的需求和文化。

由于公司和国内长期有文化项目上的合作，2009 年，我也借工作机会回到了中国。我们公司有一个惯例：在每周例会上，需要把在进行的项目做一个统一的梳理汇报。因为每个项目涉及的国家、领域可能都不一样，遇到有疑惑的地方，其他同事也可以参与讨论、群策群力。和德国同事交流时，我发现他们对于一个问题的回答常常是很绝对的，要么是 yes 要么是 no。但我被问及一件事能否成功时却常常回答得很犹豫，因为我总认为没有到最后一刻，结果始终是未知的。于是我把德语中的 yes 和 no 结合起来，创造了一个词来应对这样的问题。我的德国同事们一开始都不理解，觉得这是在敷衍。我便和他们解释，一件事可能当下看不太行得通，但换个方向再努力一下，或许就能看到推进的空间。这种思维方式的转换对于他们来说是特别有启发性的。有趣的是，我也在工作中也慢慢看见了他们的变化——现在我的德国同事也会使用那个词，表示他们接受了一件事的多种可能性。

　　当今的世界全球化程度越来越高，我们作为学习多语种的附中学生其实具有相当大的优势。在人与人沟通交流中使用的语言，不应该仅仅被看作是一个工具，它背后所承载的文化价值更高。正如国务院原副总理钱其琛为母校题的字，上外附中是"培养外语外交人才的摇篮"，虽然我们最终并不一定都在外交战线上工作，但是生活工作中有无数"隐形的外交工作"都需要我们利用所学去发挥所长。

校友信息

姓名：王炜

中学所学外语语种：德语

毕业年份：2000 年

本科阶段就读大学名称、专业：复旦大学广告系，慕尼黑大学数学系

研究生阶段就读大学名称、专业：慕尼黑大学数学系

从事职业（公司、职务）：罗姆化学亚太区战略总监

语言学习者是窗口上的人

当年报考附中的时候，其他小朋友都勾选英、德、法，我反其道而行之——德、法、英，然后就幸运地被录取了。尽管听上去挺中二的，但回想起来说不定是打了个错位竞争，毕竟报考英语的同学是大头，竞争更激烈，其中不乏托福考试已经 600 多分的同学（这在 30 年前绝对惊为天人，好吧，其实那时候我除了小学英语课本，连托福是什么都不知道）。我阴差阳错地避开了最窄的独木桥，不过也从此一头扎进了欧陆的理念和行为方式，并影响终身。

回忆起附中，附中的老师们是绕不开的。附中的杨珮琪老师曾教了我五年德语，她教书认真负责，我扎实的德语基础离不开她的功劳。她曾说，ihr seid einmalig，你们只活一次，每个人的人生都是独一无二的。我一直希望自己可以多维度多层次地看世界，从感知到理性全方位沉浸式地体验这个世界，永远保持好奇心和探索的勇气，这个理想在某种程度上可能也受到了杨老师的影响。

德国教育部派来的外教 Peter Hermanns 对我的影响也至深。Hermanns 是一个精力旺盛、经历传奇的德国人，在很多国家都生活过。我记得有一节课上大家在议论美国轰炸我国驻南联盟大使馆事件，同学们和 Hermanns 的讨论完全是鸡同鸭讲，因为 Hermanns 从德国的媒体上得到的信息和同学们在我国媒体上得到的信息完全不一样，在这些或有意或无意的言传身教中我体悟到很多，这对我后来的工作也有很大的影响。比如，在工作中我会考虑到，别人与我的文化、教育背景不一样，获取的信息也不一样，所以我不一定同意他，但我理解他。这看似是很浅显的道理，但需要自己去体悟，我相信附中的学生都在附中体悟过这些。每周四晚上大家都可以到 Hermanns 的办公室里喝喝咖啡，聊聊天，进行一个小型的"炉边谈话"。我们聊过很多话题，也正是这一次次的炉边谈话在一定程度上让我产生了想去看看世界，看看世界各地的人如何生活，看看其他国家如何运转的想法，这也是我当时决心去德国读书的原因。

我从附中毕业之后先去复旦的新闻学院学习了一年，之后决定出国，在慕尼黑大学读了预科，后来在数学系的经济数学方向本硕连读。德国的大学比较传统，本科阶段的教学语言基本都是德语，在附中学习了七年的德语自然成了重要工具，这也让我比零基础或者国内速成班出来的同学多了很多笃定感，我可以自由地和同学、教授交流，并且打工时也能找到更好的办公室或者助教工作。

德语学习对我最大的影响是在思维方式上，我知道这个世界不是线性的，不是只有一种可能的，所以在做选择的时候自然而然会考虑得更广一些，思路更开阔一些。比如我的毕业论文是在一家金融机构写的，做完之后他们给了我一个去华尔街做分析师的机会，与此同时我也收到了一家头部咨询公司在德国办公室的工作合同。华尔街的华人分析师已经很多了，不缺我一个，而在德国顶级咨询公司服务于德国客户的华人战略咨询师却很稀少，物以稀为贵，所以最后我还是留在了德国。我学习德语七年，之后在欧洲待了十年，欧洲的理念已经深入骨髓，比如生活的平衡很重要，以人为本，亲近自然；工作并不是全部，家庭和业余生活也是人生的重要组成部分等。

在职场上，我的工作涉及市场分析、战略规划等，这些工作要求的是综合能力。一方面要有脚踏实地的业务经验，了解产品和服务，亲手开过单、卖过货，才能知道客户的真正需求；另一方面也需要发展大局观，由点及面，宏观统筹，看到行业今后的发展方向，从而为公司的前进道路做出提前布局。

今后的人才需求会越来越多样化，并且随着行业的演化而始终处于变化之中。终身学习会成为我们每个人的任务，因此从小培养学习的能力是基本功。小语种学生因为横跨多个语种，更容易适应新事物，学习自然也会更高效。在语言学习的过程中，我们会自然地在几个语言体系之间做比较，在比较的过程就培养了多维度、多角度考虑问题的能力。在不同的文化、宗教和历史的维度上看同样一件事情，完全可能得出不一样的结论，只要有这样的意识，我们就已经先人一步了。

语言学习者本身已经是在窗口上的人了，不妨再把身子探出去，走出去，看看世界。

108

校友信息

姓名：周方

中学所学外语语种：德语

毕业年份：2000 年

本科阶段就读大学名称、专业：上海外国语大学德语＋经济学复合型专业

研究生阶段就读大学名称、专业：德国拜罗伊特大学经济学专业

博士阶段就读大学名称、专业：德国拜罗伊特大学国民经济学专业

从事职业（公司、职务）：上海外国语大学德语系教师

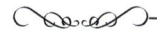

我的附中回忆和教师之路

当初能进附中德语班也是机缘巧合，进附中的竞争那时候就十分激烈。记得当初德语是第二志愿，可能是因为我英语成绩不够好（毕竟当时只学了一年），而其他成绩尚可吧，最终我选择进入德语班学习，这也改变了我的人生轨迹。

附中回忆

七年美好的附中时光不仅为我打下了坚实的知识基础，也对价值观和人格的形成起到了决定性的作用。师恩似海终难忘，德语教研组的老师们，尤其是主要为我们授课的杨珮琪、宋璐栋、殷莹三位老师，用爱心、耐心还有责任心，在为我打下了坚实的语言基本功的同时，也对我后来选择教师之路起到了至关重要的影响。

　　杨佩琪老师作为我的启蒙教师，为我的德语能力打下了坚实的基础。她在课堂上创造了一个很好的语言环境，鼓励我们多听、多说、多练，尽可能多地使用外语进行交流，在日复一日的实际应用中增强了语言能力。记得在一次外语活动周的活动中，我们在杨老师的指导下，把德国童话《小红帽》表演得生动有趣，至今和当年的同学聚会时还记得对方扮演的角色。宋璐栋老师的课程无疑是十分有趣的，他在教学过程中往往天南地北，把德国社会、历史、文化等方方面面展示得淋漓尽致，而且还会鼓励我们发展批判性思维能力，学会质疑和分析。

　　殷莹老师大学刚毕业就来到附中成了我们的高中德语老师，她在课上列出了复杂的语法结构，让我们这些平时在语法系统训练方面比较薄弱的中学生们感到无比钦佩。与此同时，她扎实的语法基础也让我们认识到了语言科学的魅力。我第一次去德国就是由殷老师带领，除了"深夜列车""古堡惊魂"等有惊无险的事件外，德国的自然风光、历史建筑、文化饮食、节庆活动、社会规范、公共交通等都给20世纪90年代十七岁的少年们带来了太多的回忆。在附中，我还结识了一批能一生交心的朋友。12岁起我们就在寄宿制学校一起学习，一同生活，这种从少年时期就建立起来的友谊值得一辈子珍惜。时至今日，我和这些朋友们不仅微信保持着联系，和几个关系特别好的德语班同学还定期聚餐、出游。少年时代一起调皮捣蛋，甚至戏弄生活老师等"大胆"的故事太多了，每次回忆起来大家总是欢笑不断。

教师之路

　　进入大学，我攻读了德语+经济学复合型专业，经济专业课也是全程由德语讲授的。坚实的德语基础让我在经济专业学习以及后来的留学阶段都获益匪浅。这让我以优异的成绩被上海外国语大学录用，成为一名人民教师。

　　选择成为教师首先是因为我在德国攻读的专业——经济学。我对于深入探索社会经济领域充满好奇，而经济学涉及解决复杂的实际问题，这正是我感兴趣的。经济学与政治学、社会学、历史学等多个学科交叉，也能满足我跨学科研究的需要。经济学直接关系到政策制定和社会福祉，通过教学和研究或许可以在这些领域产生影响。而且教学是一个充满挑战的职业，需要创造性思维和不断的自我提升。教学不仅是教授学生，也是自我学习和成长的过程。此外，从小学到中学再到大学，我很幸运地遇上了一批心地善良、学问扎实、认真负责的好老师，他们为我树立了榜样，从他们身上我看到了教育的力量。我希望通过传授知识和技能来影响年轻人，并且和年轻人在一起，我的思想和心态都能保持活力。最后，教师职业提供相对稳定的职业选择、较为规律的工作时间和假期安排，而且我在德读书期间，母校向我抛出了橄榄枝，并为我提供了奖学金，这是我回到上外工作的最直接原因。

　　上外附中的老师们鼓励学生在日常生活和学习中广泛使用外语，还经常设计各种游戏和互动活动，如角色扮演、歌曲、故事讲述等，这和传统大学的教学方法有很大不同。固然，针对中学生的教学方式不一定完全适用于大学，但我依然能从中借鉴到许多东西，努力为学生提供一个沉浸式的语言学习环境，游戏、歌曲等辅助方法也很有效。除了成人教育适用的演绎教学法外，归纳法也是一种常用的教学策略，它侧重于从具体的实例出发，引导学生观察、分析和总结，我尽可能在教学中多采用归纳法，通过大量的例子使学生自行归纳出一般性规律，从而接近母语习得者的习惯。这种方法在语言学习和经济学教学中都非常有效。

从教 15 年，我依然热爱这个职业，它不仅关乎知识的传递，更是关于启发思考、塑造未来。耐心和同理心是与学生沟通和教学的关键，教师的态度和热情可以极大地影响学生的体验。每个学生都是独一无二的，具有不同的学习风格和需求，教师需要灵活适应，并尝试创新的教学方法来满足不同学生的需求。教师要倾听学生的声音，理解他们的困难和需求，良好的沟通可以建立信任和尊重。教师要保持高标准的专业性，无论是在知识掌握、教学技能还是与学生的沟通中。教育是一个持续学习和成长的过程，要保持对知识的好奇心，不断更新教学方法和学科知识，以保持教学内容的现代性和相关性。最后，享受作为教师的人生旅程，也包括比其他工作更长的假期。

在附中学会的德语让我在讲台上能充满自信，游刃有余。附中老师使用过的教学方法也已潜移默化地融合到我的教学实践中。更重要的是，附中老师们言为士则、启智润心、勤学笃行、求是创新的精神始终激励着我砥砺前行。

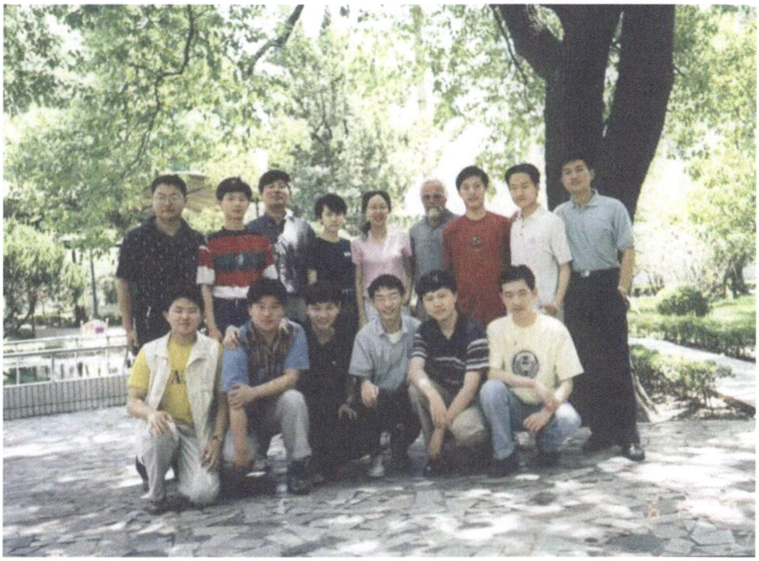

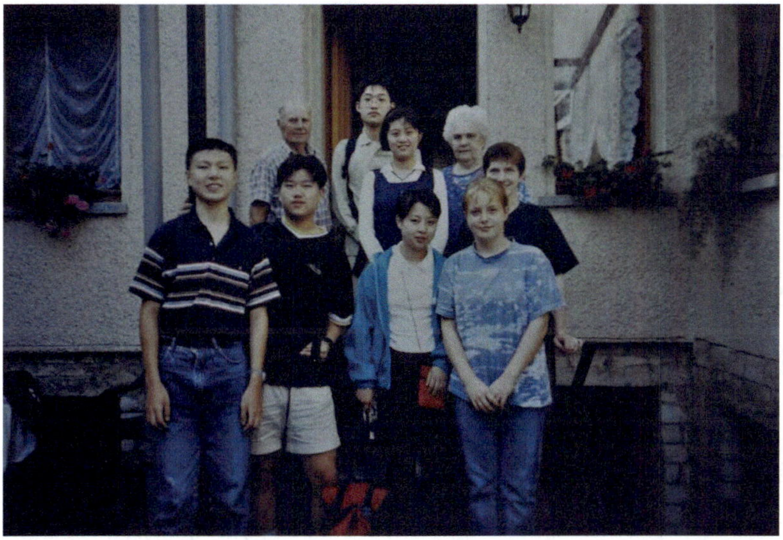

校友信息

姓名：王辛佳

中学所学外语语种：德语

毕业年份：2003 年

本科及研究生阶段就读大学名称、专业：海德堡大学德语语言文学专业（主修）+英语语言文学专业（辅修）+公法专业（辅修），本硕连读

从事职业（公司、职务）：上海外国语大学高级翻译学院德语口译专业（硕士）特聘外籍教师，上海德声文化服务中心主任，德国哈姆市州高级法院注册宣誓翻译及授权笔译

多一门语言，就是多一个角度去看世界

我于 1996 年进入上外附中学习，第一外语是英语，一年之后先是在上外师从汤浩军老师学习德语，后来初二时在附中加入宋璐栋老师的德语课，正式开始系统地学习德语。

据我所知，上外附中是最早开始实行多语种教学的中学。我们当时主要通过背诵的方法来学习语言，可能有人觉得背单词、背课文很枯燥，但对于一群十一二岁开始学一门陌生的语言的学生来说，这种方法非常有帮助。

那时同学们几乎人手一本词典，虽不能说倒背如流，但翻得久了、背得多了，词典的边角都被翻烂了。一有空，我们几个同学就一起去食堂背单词和课文，这完全是出于学习兴趣自发组织的。我还清楚地记得 20 多年前的午后，在那个没有改造过的食堂里，头顶是硕大的电扇，右侧是小卖部，我和几个要好的同学朱元晨（哈佛大学本科全奖，哈佛计算机博士）、徐阳（卡内基梅隆大学计算机博士，现任教于多伦多大学）和丁桢杰（知名同传、北外高翻硕士）吃过午饭后互相拿着几本字典考问对方单词，或者互相背诵老师上课布置的课文。有时看到别人背了一个新词，我心想我一定也要背出来。在这种良性竞争中，我们的外语能力都增长不少。

食堂里也有其他班级学习其他语种的同学，谈笑间时不时切换到所学习的语言。我父母每次开家长会回来，都会感叹道："你们同学上下楼梯都在说外语。"整个附中七年，我们的外语学习就是在不断的背诵和模仿中度过的。在浓厚的外语学习氛围中，我们培养了强大的外语学习动力，也提升了自己的语言能力。

另外，附中还运用了领先的情境教学法进行外语教学，老师们希望给我们创造一个近乎纯母语的语言环境，引入了尽可能真实的生活场景，让我们在一定的情境中进行德语对话，培养了我们的语感。经过七年的学习，我们的外语能力应该是比其他学习外语的同龄人高出不少。

我之所以选择德语，说实话当时完全没有概念，对德国也不了解，只是想着从附中现有的语种中挑一个来学。现在看来这是个明智的选择，也为日后在德国学习和工作铺平了语言道路。

在高三保送上外后，我赴海德堡大学留学，主修德语语言文学，辅修英语语言文学和公法。得益于附中专业系统的训练，不管是德语语言文学还是英语语言文学，我都没有遇到太大的学习困难。刚开始上课和母语者讨论时，我的语速不是很快，对专业的理解也比较肤浅。但随着时间的推移，我在专业学习方面已经游刃有余，适应了在德国的学习生活。临近毕业时，甚至有老师问我是不是在德国长大。我说不是，我是在上海学的德语，从中学起就开始学。他们听后连连称赞我的语言能力，说我语速很快，也听不出特别明显的外国口音，这其实都是附中的外语训练为我打下的良好基础。基础越好，后劲越大，学习动力也更持久。

毕业后我从一个专职翻译开始做起，进入德国制造业和咨询业。翻译做久了，对行业标准越来越熟悉，有时甚至会预判对方提的问题，比如说图纸引用的技术标准、公差范围、各技术标准的冲突和等效关系，一眼就能看明白。从业不久我便从纯翻译的角色转变为行业咨询师。

大家最早可能觉得翻译主要是专门为政府机构服务的，其实对广大的外语学习者来说，为企业提供外语服务，是一条更为现实的道路。我努力接触了翻译工作的不同面向，涉足制造业、质量管理、文学艺术等不同行业，还在德国法院注册成为宣誓翻译，为中国驻法兰克福领馆翻译。可以说，我的整个职业道路都是受我们那一代人对于外语学习热情的影响。

我履职的公司与中国驻法兰克福领馆仅一步之遥。时任参赞王卫东先生信任我的德语水平，点名要我为某场国际交流会议做口译。会议结束之后，我同时收到了中德两方抛出的橄榄枝，参赞希望我在法兰地区为领馆长期提供口译服务，巴符州经济部长则希望我履职巴符州经济部首席翻译的岗位，但限于公司合同的问题，我当时的工作关系还是不得不留在本公司，只不过继续以自由职业者身份出席各种大小翻译场合而已。

这些年来，因公司业务国际化，我的足迹也遍布德国、欧洲乃至美洲。所到之处，无论德语还是英语作为工作语言，抑或是应付简单的法语和西语寒暄，幸得附中打下的外语基础，即便那些最挑剔的同行也向我投来衷心的赞赏。可以说，我们身体力行了附中领先的外语学习方法，毕业后也为附中的声名远扬做了个人微小的贡献。

今年是我从德国回沪定居的第五个年头，幸得德语译界前辈张人礼教授赏识，作为上外高翻学院特聘外籍教师教授德语口译专业课程。我想，因附中和语言结缘，年少时从附中走向世界，人到中年又回到上外虹口校区，与附中遥遥相望，相信德语班和英语班的学弟学妹们仍有不少立志投身外语事业，我十分期待能在今后结识母校的学子们，如能将所学继续传承下去，将不胜荣幸。我想对学弟学妹们说，学习语言对未来职业发展大有裨益，不管是跨国公司，还是事业单位，都需要国际化人才来开展业务，所以请大家打破心中壁垒，放开手脚去学习小语种。多一门语言，就是多一个思维、多一个角度去看世界。

适逢附中校庆60周年之际，再次对教过我的中学老师表达感激之情：沈建平老师、董伟军老师、苏雅琴老师、姜莲根老师、赵均宁老师和宋璐栋老师。

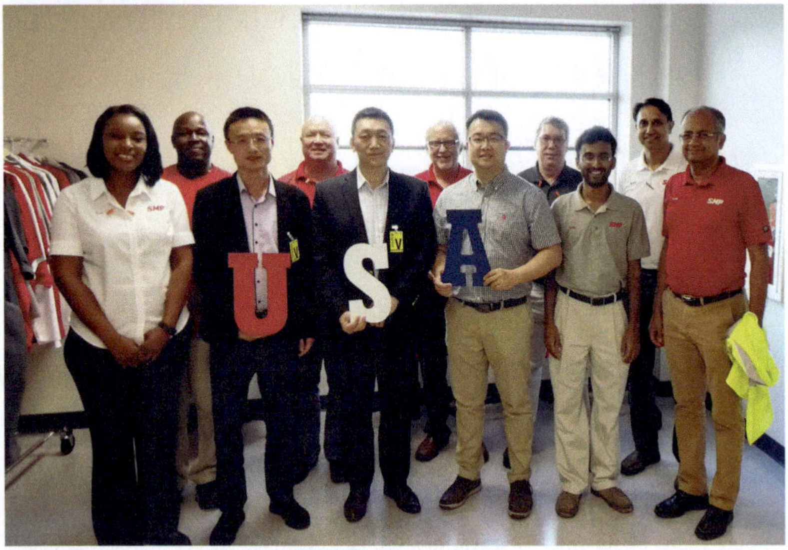
U S A

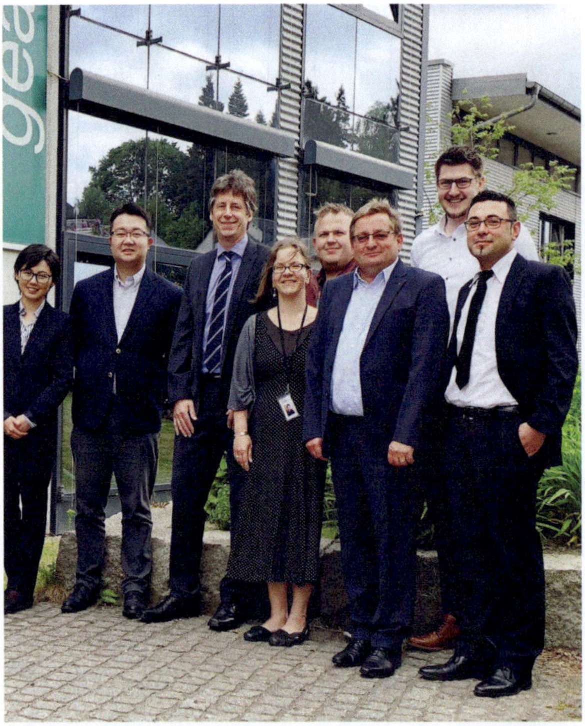

校友信息

姓名：舒增瑛

中学所学外语语种：德语

毕业年份：2006 年

本科阶段就读大学名称、专业：上海外国语大学德语系

从事职业（公司、职务）：东浩兰生集团党群工作部经理

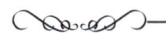

语言塑造性格

相对于高中毕业后的学习，我觉得多语种学习对人的影响，更多的是性格方面的。在上外附中学习多语种，不单是学习那门语言，更是学习它所承载的文化——包括童谣、典故、历史、名人、著作、电影，还有当下的新闻、杂志、科技……

我们班上的学生分为英语、德语、法语和日语。五六年下来，特别是当大家在相应的国家游学 1-2 个月后，不同语种的学生明显呈现出了不同的性格。德语班的，大多担任着学生会、校刊、社团等学生组织的重要职务；法语班的，活力四射，热情浪漫，极具感召力和凝聚力；日语班的，则安静内敛，彬彬有礼，恪守秩序，厚积薄发。

我们这届是通过面试加笔试进入附中的。我不觉得面试能精准地区分一群11岁孩子的性格，所以推测我们十七八岁时的表现，是因为所学的语言和文化，而有所改变。无论如何，德语语法本身的规则严谨、德国人按步骤办事的风格、对事不对人的态度……这些都影响着我日后的处事方式。

我的工作经历很简单。第一份工作是在歌德学院的语言中心，从入职到十多年后离职，都是办公室主任。再往上的位置，就必须要德国人担任了。在这期间，我主持、组织过一些国际性的活动，多次赴德国交流，算是同学里为数不多的从事外语外交事业的。同时，我因为爱好广泛，所以开展了些副业，如区电视台节目主持人、会展翻译、杂志专栏作家等。

我后来的工作，则是通过多年党务工作的积累和沉淀，跳槽进入了国企。虽然现在不再使用外语，但在学习德语过程中养成的做事章法和态度，却让我受益至今。因为大多数工作，都需要善于思辨、逻辑严密、注重章法、考虑全面。语言只是一种工具，放下它，我留存着能力。

可能很多人会觉得国企很闲、很安逸、适合养老。更多人会以为党建方面的工作很枯燥、很呆板。我自己进入国企的党群岗位后，才发现以上是偏见。实际上这里有很多充满干劲的年轻人，时刻需要学习和创新。而党建工作也是具象的、有深度的。用刚过去的上海市第一批"主题教育"来举例，我们花大力气做的是：领导们深入基层做调查研究，基层支部办实事等等。最后整理整个集团的工作总结时，我看到"党建引领"真的是在解决问题，在促进业务，在提升员工的满意度，在加速社会的和谐发展。

对于在校的学弟学妹们,我想说:现在该学什么,就满怀热情和好奇心地好好学吧,功不唐捐。只要将自己各方面的基础打扎实了,那么未来全世界的大门都会向你敞开——精彩到超乎你的想象!

校友信息

姓名：赵雯婷

中学所学外语语种：德语

毕业年份：2006 年

本科阶段就读大学名称、专业：汉堡大学经济数学专业

研究生阶段就读大学名称、专业：慕尼黑工业大学金融数学与精算专业

博士阶段就读大学名称、专业：慕尼黑工业大学金融管理与资本市场专业

从事职业（公司、职务）：贝恩公司全球副合伙人

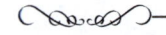

始于语言，陷于文化，忠于好奇

自上外附中毕业后，我在德国读了本科和研究生，随后投身于咨询行业。从事咨询就意味着要不断接触新的行业和课题，愿意挑战难题，就如同在六年级时就选择多语种的同学们一样。于我而言，毕业后所有的故事似乎在六年级选择附中、选择德语时就已经埋下了伏笔。

始于语言

相比于常规学科体系中的英语，附中的小语种课程给我提供了一个熟练掌握第二门外语的机会，这也意味着在未来出国留学时，能够多一些方向选择。当时附中开设的主要是德语、法语和日语三个语种。那时候的我其实对各个语种并没有多么明确的概念，但对学科倒是有一点模糊的感觉，我好像对理工科的兴趣更大。出于想要学以致用，又听闻德国的大学以理工科教育见长，我最终选择了德语。

虽然在毕业之后，我也确实赴德留学，学的也是理科方向的专业，似乎证明着六年级时那个模模糊糊的规划没错。但是在刚开始学习德语时，我一度感觉自己做了一个错误的选择。当时学习三个语种的同学都在一个班里，我们能清晰地感受到学日语的同学掌握得最快，状态相对轻松；学法语的同学们则要记背单词的阴阳性，有一些难度；而到了我们学德语的，在阴阳性之外，还多了一个中性，当时我们都开玩笑说，怎么选了一个这么难的语言！

好在附中有着强大的外语教学能力和充足的课程设置，在外教课里，在早读的德语声里，在晚自习的德语新闻里，在改编的德语短剧里……附中在七年的时间里给我的德语打下了坚实的基础，让我在去到德国后，完全没有遇到语言的障碍，在大学里能够快速跟上课程内容。

陷于文化

研究生毕业后，我入职了德国本土最大的管理咨询公司罗兰贝格，成为一名咨询顾问。咨询行业对语言的表达和与客户的沟通能力要求很高。在加入公司时，我是全德国唯一一个中国顾问，但公司的同事和客户在和我接触时，都以为我从小在德国长大。因为我不仅在语言上没有障碍，在交流方式和文化上也没有明显差异。而这种跨文化能力的养成也要追溯到附中的课堂内外。

回想那时外教的课堂，其实他到底教了我哪些语言的知识早已记不太清，但是印象很深的是他给我们分享了自己的经历，尤其是在德国的生活故事，让我对德国的文化开始有所了解。除了"听来"的文化，附中还搭建了丰富的平台让我亲身去感受文化。当时有很多德国学生来附中交流，我与初二时接待的德国学生还成了朋友，至今二十余年过去了，我们仍然保持着联系；附中当时还有和德国学校的合作，让我们与德国学生一起去南京……在这些场合中，一方面我能够将德语学以致用，锻炼了语言能力，另一方面我也有机会多与当地人交流，理解这门语言背后的文化灵魂。

忠于好奇

在德国工作六年后，我被公司内部派到中国任职，并于一年前加入全球三大咨询公司之一的贝恩公司，成为上海的一名副合伙人。转眼间，我在咨询行业也工作了十多年，但我从未想过转行。对我而言，咨询不只是一份职业，也是一种生活方式，而好奇心是这一切的核心内驱力。如果说，附中的课堂让我掌握了语言，课外的平台让我感受了文化，那么附中宽松的整体环境为鼓励我自主探索、保持好奇提供了保障。

相比于当时其他学校的同龄人，我们好像除了高三之外，学习压力都不是特别大，下午放学时间也比较早。于是，我们就有了更多的时间去参与课外的社团活动。我记得我当时加入了《红秋千》校刊的编辑部，还当过一段时间的主编。《红秋千》半年出一期，为了让大家都愿意去读，就需要一些精彩的、吸引大家的稿件内容，想选题、选稿、组稿这些工作都由我们自己联系完成，老师们很少干涉，没有过多的条条框框，给了我们充分的发挥空间。类似这样的活动还有很多，现在回想起来就好像职场上一个又一个的项目。老师们的"放手"让这些项目没有所谓的标准答案，而是凭借我们自己的好奇心去自主探索、推进和完成，在潜移默化中培养了我们更为全面的能力素养，让我受用至今。

如今的管理咨询行业已不再满足于单纯的战略设计，而是以向战略和落地一站式服务转型为趋势，会更深入地参与到客户的业务发展中。一如当年的附中，让我学会跨越文化，探索更广阔的世界，从德语出发，但不止于德语。

校友信息

姓名：张喆骏

中学所学外语语种：德语

毕业年份：2012 年

本科阶段就读大学名称、专业：慕尼黑工业大学电子信息工程专业

研究生阶段就读大学名称、专业：苏黎世联邦理工大学电子信息工程专业

博士阶段就读大学名称、专业：苏黎世联邦理工大学电子信息工程专业

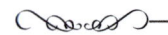

语言是一块"敲门砖"

我是 2012 届德语班的张喆骏，目前在苏黎世联邦理工读博，研究方向是人工智能和自动驾驶。虽然已经过去了十多年，但回想起当时进入附中的情景，依然历历在目。在父母和周围朋友的影响下，我进入上外附中学习德语。当初选择德语，其实我并没有考虑太多，只是觉得能够掌握一门小语种是一件很酷的事情，也听说德语是一门较难的语言，就想着来挑战一下自己，看看这门语言究竟是不是一座不可逾越的大山。但是如今回头看看，与其说语言是一座大山，倒不如说语言是一块"敲门砖"。

在上外附中学德语，有一种沉浸式的体验。上外附中的教学与普通的中学教学不同，语言学习占了大半的时间。初中时，每天便至少有两个小时的德语课程。早上八点上课到下午四点放学，上课的时间本就不算太多，其他的基础课程，上外附中自然也是有的，只是不多且散，时间占比上远不及语言课，这就使得德语课成了我在上外附中的学习记忆中最浓墨重彩的一笔。

附中初中时的德语课，有点类似现在大学德语系的初始专业课课程，从最基本的语音语法讲起，进度也快，两个星期之内就得掌握所有字母的发音。语言学习，无他法，唯口熟尔，只得课上练完之后回家接着练。而到了高中，老师课堂上的大部分内容就已经不再拘泥于语音语调语法了，而是更注重培养我们的语言应用能力。还记得那时候王哲光老师来上课时常常不带课本，只随手拿一篇德语的新闻，让我们现场读一读，在新闻中做阅读理解。

如同四六级与托福的区别一样，上外附中与其他中学在语言学习方面的不同之处可能也在这里。上外附中不仅仅教会了我们基础的语言知识，还让我们尽可能地去接触所学语言的真实生活环境，真正地把语言学精、用活。

高中毕业之后，我拿到奖学金去了慕尼黑理工大学和苏黎世理工大学，学习电子信息工程，在德语区一待就是 11 年，之后应该也会常驻在苏黎世。提起上外附中，大家可能觉得就是学学语言，之后大抵就是走文科的路线了，其实不然，把外语作为一块跳板，去其他学科深造的同学也很多，我就是其中之一。我拿着它，敲开了电子信息工程学科的大门，并深造至今。

其实现在德语在我的日常生活中的使用频率并不高，特别是在苏黎世这种国际化的城市，翻译软件和大语言模型能解决写作和阅读场景中的大部分问题。除了德语区的本科以及在传统的德国或瑞士企业工作，生活中的大部分场合中，英语基本上都可以取代德语。我自己的德语也不如英语流利了，但德语依旧让我在德语区的生活舒适很多。可以说，德语不好的话住在德语区还挺不方便的。

这些年我也遇见了很多大学开始学德语的朋友，和他们交流后我越发觉得学习外语要趁早，特别是像德语这种比较难的外语。附中七年培养出来的语感、口音和肌肉记忆是很难在成年之后再掌握的。年轻时这七年打下的底子会陪伴你一生，让外语几乎变成半个母语。日后哪怕生疏了，重新再捡回来也没有那么困难。

几乎所有的欧洲人都会掌握一门除了英语以外的外语，最常见的就是法语、德语和西班牙语。在欧洲，很多人的外语启蒙从幼儿园就开始了。这种机会在国内是很少见的，因此，附中提供给我们的这些资源是十分宝贵的。比起其他学科，外语是最能让人终生受益的，无论你之后从事什么行业，生活在哪里，幼时习得的语言都会伴随你一生。

无论是在工作、学习，还是生活中，语言都是一门重要的工具。除了必不可少的英语，熟练的德语能让你在德语区如鱼得水，也能让别人对你更亲切友好。

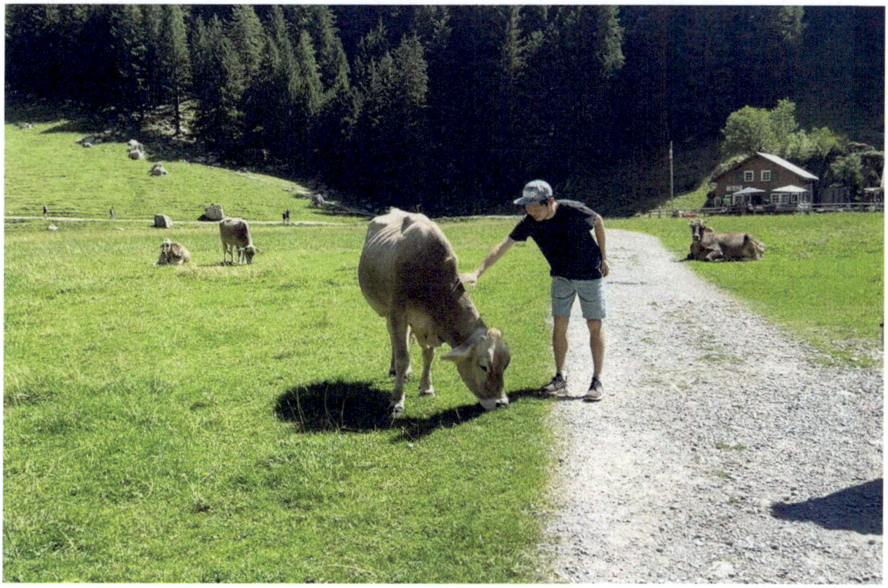

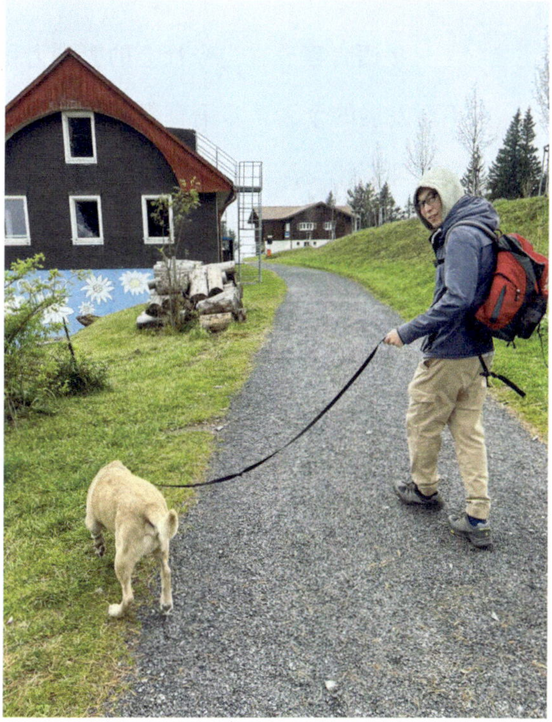

校友信息

姓名：桂铭

中学所学外语语种：德语

毕业年份：2016 年

本科、研究生阶段就读大学名称、专业：慕尼黑工业大学电子信息工程专业

博士阶段就读大学名称、专业：慕尼黑大学计算机科学专业

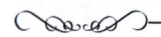

德国之路

多语言素养在当今社会的影响力和重要性日益凸显。在全球化不断发展的今天，多语言素养不单单是一种个人技能，而且还在跨文化理解和交流中发挥着重要的作用。回顾过去，正是我对德语的选择才使我现在在德国从事着自己所满意的职业。

自 2009 年进入上外附中起，我就一直学习德语。选择德语大致有两个原因：一是除了母语和英语学习外，第三语言习得也很有必要，它可以为我打开新世界的大门。我始终相信语言学习不仅仅只是听说读写，它更需要学习者深入理解语言背后的文化思维。第二个原因是我从小就对德国及其社会文化很感兴趣。从古典音乐到奔驰宝马，再到现代汽车竞技给我带来的血脉偾张感，都使我对德国的兴趣越来越浓厚。而当年的分班考之后，因成绩和志愿选择等多方面原因，我也如愿能同时学习德语和英语。

回想起来，我在附中的七年从来都不仅仅只是学习德语而已，学校也在潜移默化中教导我们传承中国文化、尊重别国文化。语文课上，我们学习了许多经典中国诗歌，体验最古老的中华文化精髓。跟大多数朋友相似，我当然也觉得背诵记忆的过程很痛苦，但是能够张口对诗的感觉，还是令我十分开心。除此之外，我们还可以在放学后从国画、书法、音乐以及其他课程中，随心选择自己感兴趣的特长班学习。那时候，我选择了书法课，虽然没有深入练习，可还是为传统文化所感染。可以说，对中国文化的了解与学习，为我的德语学习迁移打下了基础。

附中每年的大事——国际文化节是我们对异国文化学习的重要来源之一。我和同学们一起排练德国经典戏剧，用全德语的剧本阐释经典，体验最原汁原味的德国文化。也正是在备演的过程中，我更加深入地体验了德国文化。在日常学习中，德国外教老师也在教学的过程中融入德国文化教学。那时我们也和大洋另一端的德国小朋友一样，一起在圣诞节到来的12月连续拆了24天的"盲盒"，并在拆礼物的过程中，了解了德国圣诞日历的来源和背后的故事。拆礼物嘛，总是让人快乐又心动，我也在这个过程中进一步加深对德国的了解。

高三毕业之后，我直接前往德国继续大学学习。掌握德语使我不仅能更轻松地理解专业知识，也让我能流利地和德国的同学、教授们交流。相应地，日常生活中和朋友们的社交也为我提供了丰富的文化体验，使我更好地融入德国的生活和社会。通过参与啤酒节、春日节等传统的国际日，我深入了解了德国人的价值观、传统和习惯。我们在欢笑中共享观点，并自然地加深了我对德国文化的尊重和喜爱。

目前我在德国继续博士学习,研究方向是深度学习和生成式网络。博士学习需要坚韧的精神、持之以恒的努力以及强烈的好奇心和求知欲。虽然时常会有挫折,但热爱使我不断向前。这和学习语言其实异曲同工:带着坚定的决心和持之以恒的努力去学习,保持规律的学习时间,并利用全球化的互联网大量阅读。同时,不要害怕犯错,错误能让你更好地学习一门语言。最后,试着去享受学习语言的过程。相信自己,你就能在语言学习的路上获得超出你想象的回报。

西班牙语

校友信息

姓名：王海华

中学所学外语语种：西班牙语

毕业年份：1967 年

大学阶段就读学校名称、专业：上海电视大学中文专业

研究生阶段就读学校名称、专业：华东师范大学国际金融系世界经济专业

从事职业（公司、职务）：现退休，退休前任上海市人民政府信息化办公室处长

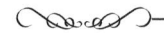

从部队骨干到信息化使者

我的学习时光

中学期间，经学校安排，我学习西班牙语。由于"文革"，我中学只读了两年。我对上外附中学习期间的学习生活留有深刻印象。这是一所杰出、卓越、令人自豪和振奋的学校，她是在党和国家领导人亲自关心、指导下成立的一所新型的以外语为特色的中学。有市领导选定的优秀校党政领导，有在全市遴选出的各科杰出、优秀的教师及聘请的优秀外籍教师，有从全市小学优选出来的充满朝气、灵气的男女学生，有崭新、美丽、整洁、设施先进齐全的校园，有团结、紧张、严肃、活泼、令人着迷的学习氛围……

附中外语教学中的"听说领先法"让我至今印象深刻。教我们西班牙语的是来自古巴的一位西班牙裔男性老师。他三十多岁，教学极为认真负责。他自编教材，上课时虽有中国翻译老师，但他尽量不用翻译。例如教单词时，他尽量用实物或动作直观地教学，让我们记住其西班牙语的说法。教"糖果"这个词时，他就带几粒糖果来；教"跳"这个词语时，他就反反复复地从椅子上跳到地上，使我们牢牢地记住了它的西班牙语叫法 alto，直到今天都未能忘掉。

我的大学生活分为两个阶段。第一阶段是 1982 年在部队报考的"中央广播电视大学"（简称电大）中文专业，选此专业的原因是当时在空军大军区政治机关工作，对我的文字能力要求较高。第二阶段是转业到地方工作后于 1993 年报考的华东师范大学国际金融系世界经济专业，选此专业的原因也是工作关系，因到地方工作后，主要面对的是经济和社会的发展问题，而要适应上海市人民政府机关工作的需要，了解世界经济发展的宏观情况及其客观规律是十分必要的。

军旅生涯点滴

1968 年春天，空军雷达兵部队到上海市虹口区征兵，我是那时候参军的。当时我们上外附中有 28 位同学应征入伍。上外附中的学习和人格培养对我的军队生活有很大帮助。由于我们在上外附中住集体宿舍，学习、生活整天都在一起，这和部队很相似，于是我很快适应了部队的生活。不仅如此，我们上外附中的学生普遍都有强烈的自豪感、上进心，不甘落后。我到部队后各方面都表现十分积极，政治上积极要求进步，军事上刻苦训练，作风上严格要求自己，很快就脱颖而出，成为业务上的尖子、能手、骨干，也很快入团、入党、提干，以至于当年上外想要招我们重回学校学习外语时，部队以"他们已成部队骨干"而未予同意。

我在部队的生活、学习、工作总体上可分两个阶段：第一阶段是1968年3月到1978年6月的10年多时间，在基层连队服役，历任报务员、文书、排长、副政治指导员。第二阶段是1978年7月至1986年6月的8年时间，基本上在空军大军区政治机关工作，任副营职秘书、正营职干事等职。我在部队生活中遇到的挑战，在基层连队和政治机关是不同的。

在基层连队，特别是担任排长和副政治指导员后，我在严格管理队伍的同时，要做好耐心细致的思想政治工作，最大限度地调动大家的主观能动性和积极性，防止发生各类政治事故。而在空军大军区政治机关工作时，我的任务主要是不断提高政策、理论、文字水平，圆满完成中央军委、空军等领导机关交办的各项工作，正确处理和指导部队的各方面工作，撰写好专题调查、工作汇报、总结等文件材料。

在十八年的军旅生涯中，我和很多战友结下了深厚的友谊，留下了难忘的记忆。在空军原成都军区政治部工作时，我在保卫处帮助工作、处理冤假错案时与该处保卫处副处长任成宏结下了深厚友谊。

部队生活给我的人生带来了深远的影响。我受到了军队严格的组织纪律的锻炼,培养了令行禁止、雷厉风行、一丝不苟、精益求精等优良作风,树立了"全心全意为人民服务是人民军队的唯一宗旨"和集体英雄主义的意识。我学习了我党我军苦难辉煌的光荣历史和优良传统作风,深受教育、熏陶和感染,深刻认识到个人命运是和祖国命运紧密联系在一起的。

如果现在的年轻人想要参军,我建议要做到"胸中有全局,手中有利器",即一方面要随时注意了解世界形势,特别是我国面临的军事形势;另一方面要好好学习掌握过硬的岗位军事技术。另外,要尊重服从领导,团结友爱战友,不怕吃苦,不怕吃亏,争取入党,并入军校深造,为人生打下扎实的基础。

信息化工作的先锋

我自 1986 年从军队转业到上海市人民政府机关工作后,历任办公厅秘书、办公信息处理中心副主任、市侨办海外交流协会副秘书长、市信息办处长、市信息协会副秘书长等职。之所以能到上海市人民政府机关工作,是因为据了解,当年上海市人民政府办公厅想要从转业干部中选调一些文字能力较好的人员,军转办根据我的档案材料推荐了我。

我在上海市人民政府机关工作,主要分为两个阶段:

第一阶段是在市政府办公厅综合处工作,该处职责主要是为市长提供上海当日或近日经济和社会各方面的重要情况。记得我刚到该处工作不久，恰遇市长提出要创办一份综合性简报。根据市长的指示，次日秘书长就召集综合处处长等研究落实，处长请我也参加。经研究，决定创办一份表格式的综合性简报，并要求我尽快设计出样本来。我领受任务后很快设计出了样式，并列出了"上级指示、重要会议、重要文件、工业生产、农副业生产、城市建设管理、科教文卫、社会治安、突发事件、重要内外宾"等十多个栏目，报请领导审阅后很快得到批准，并很快按此运作。

那时每天都像"打仗"一样。从一上班起就开始争分夺秒联系沟通、整理编辑、送审定稿、打印校对。刚开始几天，领导还让我随市委机要局交通车将刚印好的简报分送到市长、副市长家中，我往往九十点钟才回到家，虽然很累，但感到十分光荣和欣慰。由于领导重视，各部门、各地区通力合作，该简报取得了很大成功，得到了市长的充分肯定和赞扬。

1991年春，为提高市政府各部门、各区县政府报送信息的质量和水平，市政府办公厅首次举办了一期信息培训班，市政府各委办局秘书处处长或办公室主任和信息员、各区县政府办公室主任和信息员出席。领导让我主讲第一课。由于我平时注意积累资料和思考分析有关问题，我做了《提供更多的有针对性的信息 为市领导科学决策服务》的报告，提出了报送信息应遵循的五条原则，受到领导和大家的高度赞扬和好评。

第二阶段是到市信息化办公室工作，主要做了两件事：一是提出了统一规划和建设全市国家机关计算机光纤网络的意见，得到市领导、国务院信息化办公室的大力支持。在市委办公厅牵头组织实施下，我市于2002年在全国率先建成了该网，克服了以往市委、市人大常委会、市政府、市政协、市高检、市高法六大系统各自建网、信息不能共享的弊端，大大提高了工作效率，大大节省了建设投资。二是为筹备开好"2000年亚太地区城市信息化高级论坛"做出了积极贡献，被联合国、联合国开发计划署、上海市人民政府、中国信息产业部、中国科学院联名授予了荣誉证书。

在开展信息化工作中，我遇到的最大挑战是人们的传统观念比较顽固，不愿共享信息。对此，我坚信信息化是经济社会发展的必然趋势，并坚持耐心细致地做好说服工作，加强信息化知识和技能的培训，从一个一个具体的项目做起，积少成多，逐步联片联网、共建共享。如果年轻人也想从事这一领域的工作，建议不断学习借鉴国内外最先进的信息化理念和技术，紧密结合国内实际和需求，做好组织协调工作。在当今数字化时代，学习小语种的同学，一方面要学好所学语种，注意该语种国家的最新经济、社会，特别是科技发展；另一方面，应牢牢抓住历史机遇，不断学习、了解世界信息技术发展新情况，紧密结合我国实际和需求，不断开发新软件、新产品，在世界上占有一席之地。

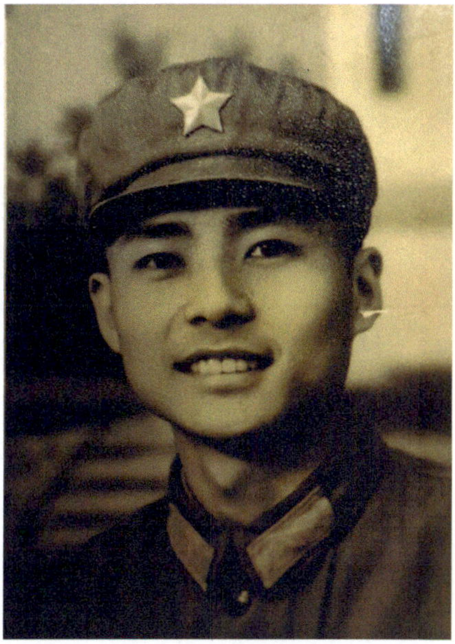

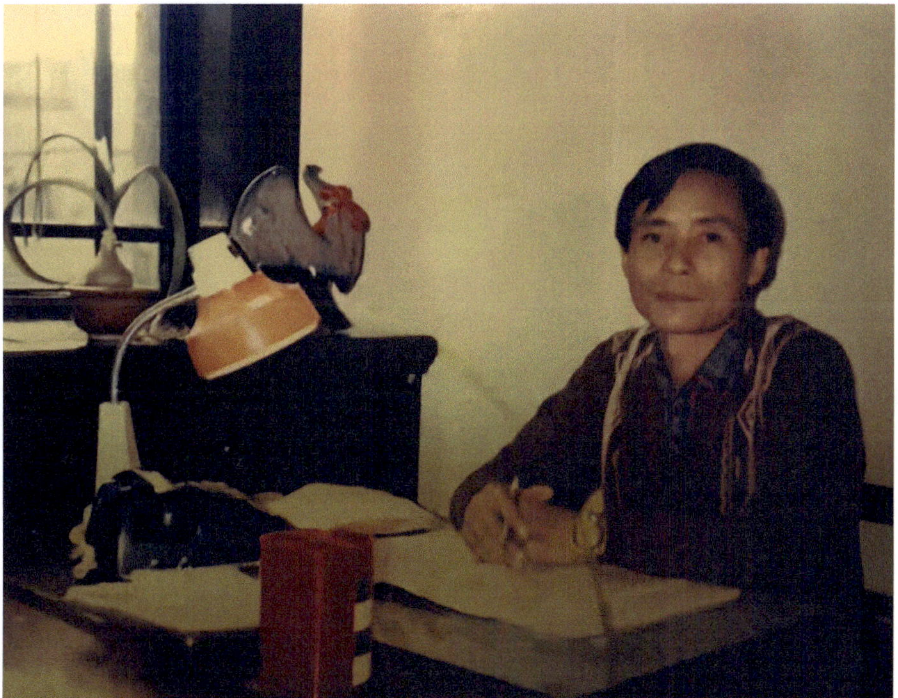

校友信息

姓名： 徐婉清

中学所学外语语种： 西班牙语

毕业年份： 2014 年

本科阶段就读大学名称、专业： 加利福尼亚大学圣迭戈分校生物化学专业、爵士乐专业

研究生阶段就读大学名称、专业： 哈佛大学公共卫生学院营养流行病专业、全球健康专业

从事职业（公司、职务）： 哈佛大学公共卫生学院访问学者

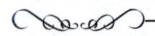

学习语言，与全世界对话

除了英语和中文、印地语，西班牙语是全世界使用人数最多的语言。当初在小升初阶段，通过上外附中入学考后，我被录取到第一届双外语班。与父母协商后，我选择了西班牙语作为二外，而正是这个决定，为我打开了一扇通往世界的窗。

高中毕业后，我来到了美国学习化学。由于大学所在地圣迭戈毗邻美国墨西哥边境，我得以了解很多墨西哥文化并与当地墨西哥移民练习西班牙语。本科毕业后，我考入哈佛大学公共卫生学院，学习营养流行病与全球健康。从 2020 年末开始，我与朋友开启了"ED Healer"微信公众号，希望提高中国人对于进食障碍的认知；从 2021 年 6 月开始，我以委员会成员的身份加入 Academy for Eating

Disorders(国际进食障碍学会);从 2023 年 8 月开始,我以访问学者的身份加入哈佛大学 STRIPED 这一公共卫生组织,参与进食障碍预防的研究与倡议。

  我目前从事公共卫生方面的研究。公共卫生聚焦人群健康,通过人群监测、健康干预、制定政策等科学手段,达到提高人群健康状态的效果。从这段描述中就可以得知,公共卫生人不仅仅关注自己的健康状况,并且关注更大人群的健康状况,因此我身边大多数从业人士都有一种利他主义的情怀,有着对疾病肆虐的忧虑、对他人的同理心以及对科学证据的认同与推广。我希望中国乃至世界的亚洲群体中,能有更合适更有效的方式来预防精神健康疾病。随着经济发展与人口老龄化,非传染性慢病会得到越来越多的重视;而随着精神疾病的发病率连年上升,精神卫生也逐渐得到重视。公共卫生需要大量复合型人才联动,在政府部门、医疗机构、药械企业等单位中,都需要人才来监测健康数据、建立疾病预测模型、设计健康政策等。

  附中多语种的学习让我拥有了两大优势:首先,西班牙语让我能够与拉美人群有效沟通,对我的科研工作带来了很大的正面影响。比如我有很多相熟的教授与研究合作者是西班牙语母语者,与他们用其母语交流会让其感到更亲切。此外,我有能力阅读一手的外语信息,对于相关课题的思考大有裨益。其次,高中的外语学习经历让我无惧学习新语言。我在研究生阶段后,又学习了葡萄牙语和粤语,并通过学习医学西语的方式精进了西班牙语。

说实话，在就读上外附中期间，我并不能看到自己学习外语的优势，语言成绩也从来不曾名列前茅。然而，我希望目前在校的学弟学妹不要因为当前的外语成绩不够理想就感到气馁。学习语言的本质目的是增强跨文化交流。如果你对他人的不同文化背景感到好奇，愿意听别人讲故事，愿意分享自己的文化和故事，就一定可以在语言学习中获得进步。上外附中里如此高强度高难度的语言学习，也为我们以后的生活开了一扇窗，让我们有能力与更多有趣的人沟通、交流，让我们有底气在陌生的国度里生活。

我在中学毕业多年后，在研究生阶段和工作阶段从头开始学习了葡萄牙语与粤语，在每次旅行中也很愿意学习一些当地方言与俚语；再加上我不断运用英语和西班牙语，积极学习医学西语并在拉美人群中做科学研究，从而变成了很多朋友心目中会很多种语言的"外语大神"。但谁能想到，当初我就读上外附中时，英语课上曾多次因为回答不出问题而被罚站，在西班牙语考试中多年稳坐倒数五名，每次期中、期末口试都紧张到头晕，参加模拟联合国的时候因为觉得自己口语口音很重而不敢发言……如果学弟学妹你遇到了这些困扰，我想抱抱你，因为这些状况确实会令人不安。我也想给你鼓鼓气，因为这些困扰都是暂时的。

学习语言不是为了拿到高分，而是为了与全世界对话。母校会给你翅膀，让你飞向世界。

145

校友信息

姓名：胡强波

中学所学外语语种：西班牙语

毕业年份：2016 年

本科阶段就读大学名称、专业：上海外国语大学西班牙语专业

从事职业（公司、职务）：常驻萨尔瓦多共和国

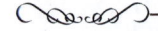

附中七年：我的青春修炼场

2009 年，五年级的我对上外附中并没有明晰的概念，也不知小语种为何物。小学老师和家长说有一个推荐去考上外附中的机会，我就遵从大人们的安排去考试；考取后，又服从附中的安排进入了西班牙语班。就这样，我开启了七年的附中生涯。

刚进附中的时候，我虽然其他各方面都不突出，但成绩好像还不错，也算是有一个自己的特点。不过没过多久，这个特点就开始离我而去，课堂上对我而言的新知识似乎是很多同学的"老朋友"。在知识的道路上，很多同学都走在了我的前面，追赶并不是一件容易的事情。而在其他的道路上，我也并没有优势：没什么才艺、口语普通、性格还有些腼腆，因此很多要求表达的场合、展现才艺或领导力的活动我也都敬而远之。虽然听起来有一点玄乎，但是当时我确实迫切地想要解决自己心头的疑惑与矛盾，试图在新环境里找到自己的定位，或者用网络上的说法，戏谑一点叫"思考人生"，矫情一点就是"与自己和解"。

  人的精力都是有限的，更何况一个中学生。当我的大脑着力于"思考人生"之后，留给课堂的容量就不多了，更糟糕的是，这部分容量还被男孩子的"皮"占去了不少。老师上课刚讲一个东西，马上就联想到其他无关的东西，然后任由"无轨电车"越开越远。男生们之间总是乐于分享"开小差"中的奇思妙想，这也难免惹得老师忍无可忍。记得中预的一节课上，我们班一共六个男生，其中四个被要求站起来听课，刚好充分利用了教室的四个角落。但总体而言，在不太影响课堂纪律的情况下，老师们对我们的小孩天性还是比较包容的。不过在语言基础上，老师们还是非常严格的。大舌音是西班牙语发音里的一个难点，有些在这方面有天赋的同学很快就能掌握大舌音，但当时的我却只精于小舌音，于是有一段时间里，我在该发大舌音的地方一律用小舌音替代。姚洁老师很快就敏锐地发现了我的"以小充大"，专门把我叫去按照正规的方式练习，一直练习到能够流利发音为止。

  在我"思考人生"的那段时间里，随着年纪的增长，或许不再像中预时那么调皮，但上课时也绝对称不上认真，凭着自己的喜好，有一搭没一搭地听课。至于课后的西班牙语作业，一度都索性不做了。但这种在传统学生规范里属"大逆不道"的行为，竟然并没有招致老师严厉的批评。我记得是在一次晚自习的时候，西语老师逮着个机会问我为什么不交作业，我直言没有心情做，但同时也表示作业的目的是检测我是否掌握，我觉得这部分都掌握了，这些作业就没有做的必要了。听完我的解释，老师很平静地说，如果是这样，那么你可以不交。在附中，老师们并不执着于通过激烈的干预手段，将"唯一正确解"强加给我们，而是给予学生思考空间，询问我们自己的理由，充分尊重合理的想法，陪着我们逐渐形成自己的思考方式，用逻辑而不是任性来处理问题。

然而，"思考人生"也好，形成处事的逻辑也好，都是需要时间的。或许是因为附中得天独厚的七年优势，老师们并不着急，很乐于给我时间去思考，去成长，哪怕我的成绩一路走低，甚至一度在年级排名中探底。用我爸的话来说，带过我的老师们似乎都很"溺爱"我，每次在家长会上听闻我的成绩和学校表现，我爸都又气又急，反倒是老师们一直在为我"开脱"："这个小孩本质还是好的""这个年纪这样都正常的""再多给他一点时间，其实这些对他都不是问题"，诸此种种……幸好，我没有辜负老师们给我的时间，终于慢慢想明白了很多事情，达成了与自己的和解，到高中时回到了一个比较好的状态，学习成绩也重新赶了上去。

当我解开"心结"、重整行装前进时，蓦然回首，发现附中七年的西语学习已经在悄然间赋予了我一条属于自己的道路：从附中毕业后，我被保送进入了上外西班牙语专业，刚巧赶上学校推行弹性学制，我顺利地通过了大一的免修考，直接加入大二的专业课；

大二的时候又通过了外交部的遴选考试，签了定向的协议；毕业后进入外交部，直至如今外派至西语国家萨尔瓦多。这一路上出人意料的顺利，都要归功于附中在七年的时间里在课堂内外给我打下的坚实基础，特别是在初三暑假时老师带领下去西班牙的游学经历，让我对西语世界的文化有了切身的体会。当然，这一路上，也依然存在着许多"修炼"时刻，比如大学时因为专业课免修带来的班级和同学归属感的缺乏；又比如初到萨尔瓦多时，由于与中国截然不同的社会文化环境所造成的一些沟通的困难；再比如工作中也难免遇到高压、高强度的情境，但附中时的"思考"成果让我能够更坦然地面对这些挑战，对未来有着更明确的规划。

2023年11月，中萨两国建交后交付的首个援建成套项目——萨尔瓦多国家图书馆正式启用，我们大使馆通过各种渠道收到了许多萨尔瓦多普通民众的感谢，他们表示如果没有来自中国政府、中国人民的帮助与支持，他们能拥有这样一座如此现代化的建筑作品在之前是根本无法想象的。身在异国，念及附中，我也同样充满感谢，感谢附中教给我的知识赋予了我如今的职业道路；感谢附中包容的环境让我能够慢慢思考、解开心结；当然也感谢附中，让我与我心爱的女孩能在人生最好的年纪相识相知，最后能走到一起，修成正果。

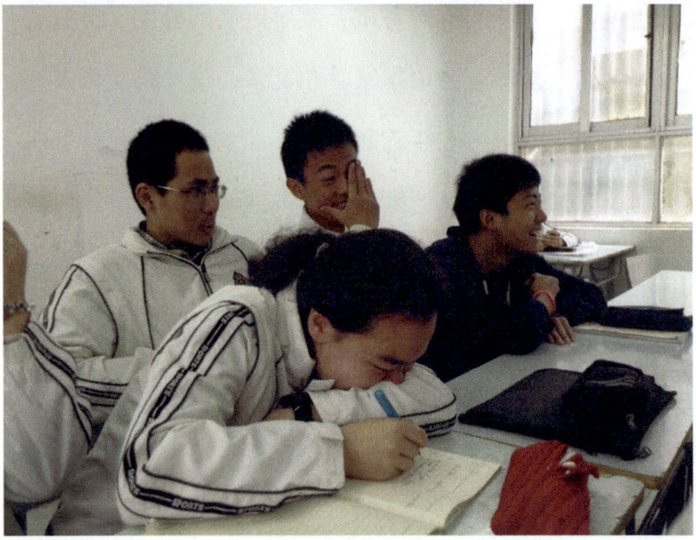

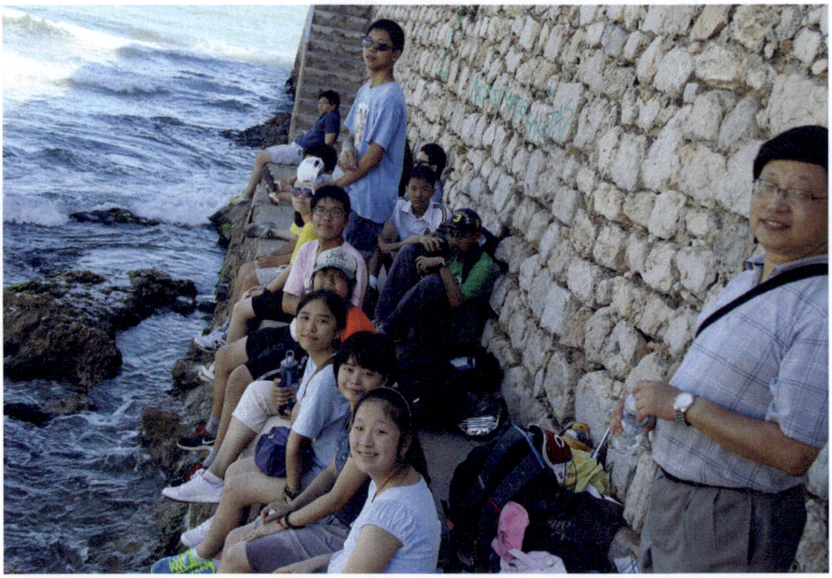

校友信息

姓名：姚沁宇
中学所学外语语种：西班牙语
毕业年份：2018 年
本科阶段就读大学名称、专业：南京大学外国语学院西班牙语专业
从事职业（公司、职务）：在拉丁美洲某国从事西语相关工作

青春懵懂时与西语相遇

我于 2011 年进入上外附中双语班。当时我们一起学习西班牙语的有 14 位同学，七年间因为各种各样的原因有五位同学从中离开，我很庆幸自己坚持到了最后。而西班牙语也继续伴随着我的大学生涯，并在如今的工作生活中扮演着重要的角色。

我与附中西语的相遇应该说是一场非典型的"双向奔赴"。在小升初的时候，我其实考了好几个学校，在几份"offer"里最终选择了上外附中。一方面是因为附中盛名在外，深得家长和老师们的推荐；另一方面也是考虑到附中的外语特色，学外语在当时感觉还是比较时髦的，那如果从中学就开始学一门二外就更时髦了。至于具体的语种，我那时候并没有概念。父母做主，第一志愿是法语，但可能法语太过热门，我最终被分到了第二志愿的西班牙语。我选了附中，西语选择了我，拼在一起，组成了当初懵懵懂懂的开头。

尽管懵懂，但十一二岁正处在一个对任何事情都充满好奇的年纪，因此，面对一门全新的语言，我满怀热情。这份年少的昂扬与附中充满年轻活力的西语课堂完美对接。2011年的时候，全国范围内开设西语课程的中学好像还不多，附中的西语印象中当时也刚开设不久，因此我们的西语老师们都比较年轻。姚老师和王老师的教学不仅毫不死板，还采用了很多新颖的方法，强调我们在课堂里的互动，还会组织很多课内外的活动。每到一些节日，老师就会组织我们看电影，或者一起做些美食。在与西班牙密切相关的世界读书日，还会举办同学们相互赠书的活动，一直从中预延续到了高三毕业。就这样，在轻松、活泼、开放的氛围里，我学习语言，并开始了解文化。

附中西语学习中最难忘的，应该就是初三直升考后去西班牙游学的两周。这是附中西语班的传统项目，但对当时15岁的我而言，那是我第一次出国，去到的又是一个自己学习了四年当地语言的国家，这让我对一切感到既兴奋又新鲜。在游学的过程中，尽管大部分时间是和老师同学们一起上课、游览，但通过附中与当地教育机构的对接，我们在晚上都各自入住当地人的寄宿家庭，这给我们提供一个完全沉浸式的语言文化环境。刚到的时候，我难免对周围环境的很多东西不熟悉，接待经验丰富的寄宿家庭就会慢慢给我介绍当地的情况，让我了解他们的生活日常和文化习俗。这一趟旅程，让我对西语和西班牙文化有了直观的认识和切身的体会，实现了从书本到现实的飞跃。

西班牙之行进一步坚定了我对西语学习的兴趣。大约在高二的时候，我开始有意识地想要将西语作为自己的大学专业继续学习，乃至成为未来工作的方向。在综合比较了出国、保送和高考三种规划之后，我还是认为保送最适合自己的情况。为了准备保送的考试，在高二、高三时，我投入了大量的时间精力到西语学习中，老师们也为我们针对性地补充了一些练习。

语言更像是一种工具，但是要用这种工具去做什么？这个问题在我高中的规划中并没想清楚过。到了大学之后，由于附中为我的西语打下的坚实基础，专业课对我而言相对轻松，因此，我有了更多的时间来继续思考这个问题，南大琳琅满目的各种专业也为我提供了丰富的选择可能性。最终我选择了辅修新闻传播专业。这部分是出于对媒体的兴趣。在附中的时候，我就积极参与撰写一些新闻稿，包括当时西班牙游学时的通讯稿。同时，我也考虑到日后想要成为一名西语记者的职业发展路径，西语加新闻似乎是一个最佳的选择。

虽然最后在大三的时候因为一个契机，考了公务员，走上了如今的职业道路，没有进入媒体领域，但是当时所学到的很多思考问题的路径、学科理论，包括一些媒体实践都对我如今的工作有所助益。结合我个人的经历来看，我认为在高中阶段发掘自己的兴趣点，为之后大学的专业选择和随之而来的就业方向预做打算，是很有必要的，而附中多样的活动和各种平台都提供给我们充分的体验空间。对于语言，如果决定以后在职业生涯中继续使用西语，那么从中学阶段开始就应将西语融进日常生活，通过每天听新闻或者读西语原文的方式保持热度，培养语感，毕竟贵在坚持。

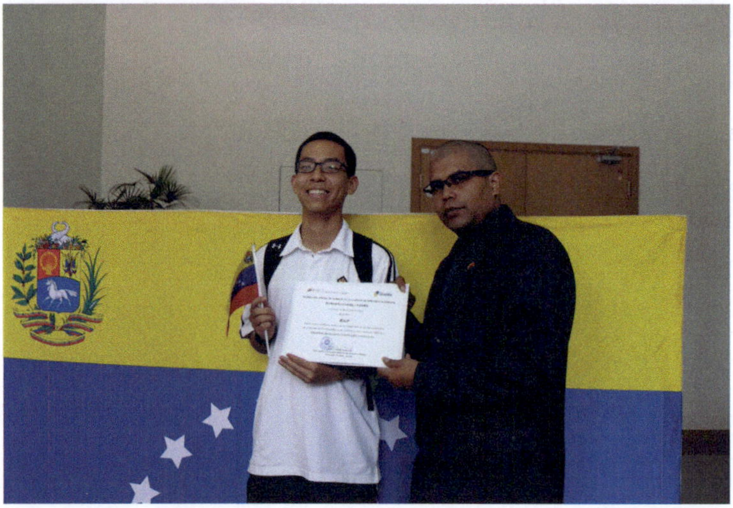

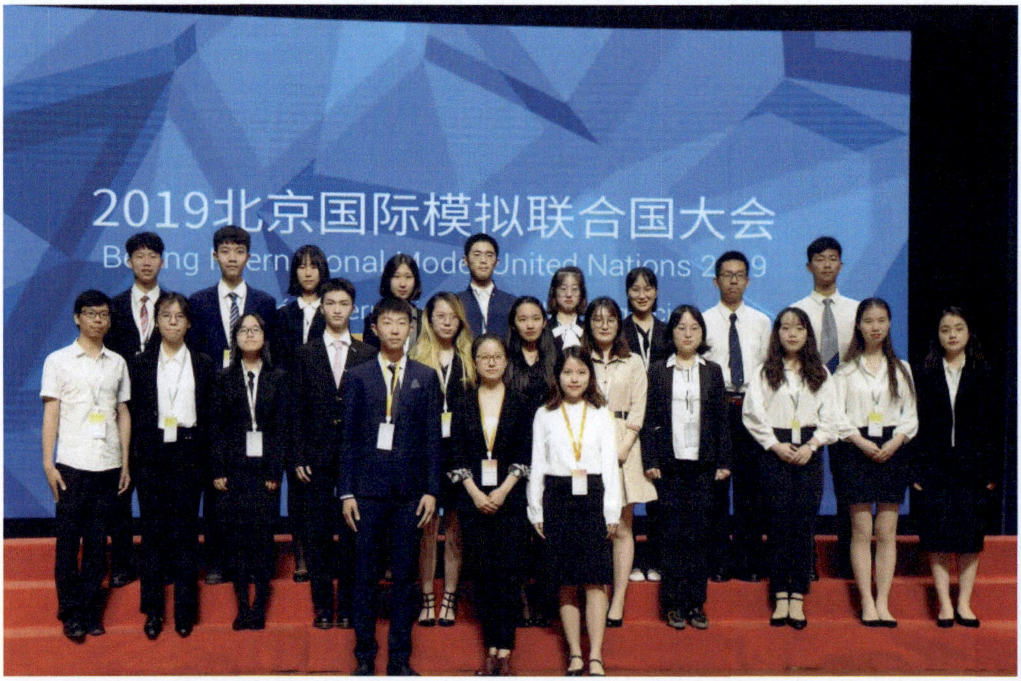
2019北京国际模拟联合国大会

俄语

校友信息

姓名：赵嘉麟

中学所学外语语种：俄语

毕业年份：1994 年

本科阶段就读大学名称、专业：北京外国语大学俄语专业

从事职业（公司、职务）：某网站总编室主任

学好语言，成为未来国际传播人才

  当年选择在上外附中学习俄语，主要受家长影响。家长在中学就读时，中苏两国关系密切，不少学校教的外语就是俄语。听家长说俄语时，感觉这门"打嘟噜"的语言挺有意思。而且，童年时也读过普希金的童话《渔夫和金鱼的故事》，记忆中，从苏联进口的巧克力很甜，奶味很足。

  高中毕业后，我被保送进入北京外国语大学俄语学院学习。所在班级的同学都是初中就开始学俄语的，来自全国各地，其中不少是东北学生。东北本身有地缘优势，俄语环境的确比上海好，但上外附中的老师们教学质量高，特别注重实操，因此，给学生们打下了扎实的基础。

  附中的外语教学不是照本宣科，比如老师会限定一个电影院的场景，给我们充分的发挥空间，我们不需要把书本上的对话背下来，完全自由发挥。在听我们对话时，老师也会及时指出一些中式俄语错误。上了大学后，我愈发意识到在发音和语法方面，我的基础是非常扎实的。附中的老师们都有留学交流的经历，他们给我们传授的不仅有课本上的俄语知识，更有最新的国情。我记得初二时，翁世益老师刚从苏联归来，他告诉我们，在莫斯科，外出感到口渴的时候在路边就可以通过投币喝上沙滤水，她还会和我们聊苏联最流行的一些歌曲。在那个没有互联网的时代，这是非常珍贵的信息，也是课本上无法获得的信息。同时，由于附中还聘请了外籍教师，配备了先进的电教系统，以及组织外语节等活动，因此在掌握地道的外语方面，创造了良好的条件。

我曾经驻外四年，在俄罗斯担任记者。中学和大学共 10 年的俄语学习，为我快速融入当地社会并开展采访报道工作提供了保障。不少当地人在与我交谈后都问我是不是有在俄罗斯留学的经历，我回答说没有。之所以没有语言沟通障碍，也许是我从中学就开始学习俄语的缘故。在这四年里，我采访过很多俄罗斯的政要及专家学者，包括普京、梅德韦杰夫等，成为首位获评俄罗斯国际商业新闻奖专题奖的亚洲记者。另外，我还用业余时间写了两本书，分别是《红色后代的苏联印记》（合著），以及《梅德韦杰夫传》。作为一名记者，俄语不仅是我做新闻工作的基础，更是我做好新闻工作的必要条件。

2006 年普京总统在河南参观少林寺时，包括我在内有多位记者在场，但会俄语的只有我一人。有一位当地女记者希望随行的翻译可以帮助她沟通，但是领导人的行程安排很紧张，根本没有翻译的时间，所以我是唯一和普京总统交流的记者。当时，我先问了普京总统对于中国功夫有什么看法。在我注意到他的反应有些迟疑后，我马上就提出下一个问题：您是柔道黑带的高手，您认为柔道和中国功夫间有什么关联呢？普京对于这个问题的回答可以说是很充分、很吸引读者的兴趣的。如果换成一个不会俄语、没有了解过大量背景资料的人，是无法在采访中挖掘到这些信息的。并且，如果记者拿到的一手资料还要经历翻译的过程，那么新闻报道的时效性就会差很多。

2008年汶川地震后，受当时俄总统梅德韦杰夫的邀请，近200位灾区中小学生到黑海之滨的"小鹰"全俄儿童中心疗养。后来，梅德韦杰夫总统在莫斯科亲自接待学生代表，并带领他们参观克里姆林宫。当时，我知道梅德韦杰夫的儿子伊利亚和这些孩子年龄相仿，于是我走到总统身边，以他的儿子作为突破口，提出了关于中俄民间交流的问题。在新闻采访中，有个术语叫"搭桥"，指的就是找到采访对象感兴趣的点，使记者与其关系快速地从"生"到"熟"。一个不懂俄语、不了解俄罗斯的人，是很难通过一两句话与俄罗斯国家元首"搭桥"的，因为学语言不仅是学单词和语法，学的更是语言背后深层次的文化。此外，俄罗斯政要经常在和公众讲话时开一些玩笑，或者引用一些俚语，记者如果不理解，也是无法很好地传达出来的。

2009年正值俄罗斯和乌克兰天然气争端，乌总理季莫申科访俄。在联合新闻发布会上，时任俄总理的普京宣布，俄罗斯将和乌克兰签署一个中长期的天然气购销合同。当时，俄罗斯不少新闻机构发出的报道里，合同年限写的是从2009年至2012年。但在现场参加报道的我，觉得其中有问题。因为在俄语中12和19的发音很接近，而且我长期做经济报道，跟踪能源问题，再加上限定词"中长期"，所以我笃定地告诉后方，合同应该是2009年至2019年。结果我所在的单位不仅发出的新闻是正确的,而且是首发。能做出这个判断,源于我对自己俄语水平和新闻专业度的自信。

在当前百年未有之大变局下,要真正提升国际传播效能,形成同我国综合国力和国际地位相匹配的国际话语权,就要把握国际传播领域移动化、社交化、可视化的趋势,在构建对外传播话语体系上下功夫,在乐于接受和易于理解上下功夫,让更多国外受众听得懂、听得进、听得明白。因此,国际传播不仅仅是简单的事实描述和文字翻译,更需要考虑如何用受众乐于接受的方式传递中国声音。

未来,国际传播人才仍然紧俏。能够从事国际传播的人,首先要爱国,要坚守中国立场,不能忘本——这也是附中老师一再教导的。同时,要善于学习国内外先进经验,秉持开放心态,不能墨守成规、故步自封,更不能有"社恐"和"社懒"。再有,要勇于担当,不怕困难,不能"佛系"或"躺平"。此外,要用好网络等便利手段,了解对象国的国情和最新动态,丰富认知。希望附中学子可以扎实学好外语,了解当地历史、文化和最新动态,坚守中国立场,有更多的学弟学妹们来讲述"我眼中的中国"。

校友信息

姓名： 朱晴宇

中学所学外语语种： 俄语，日语

毕业年份： 1994 年

本科阶段就读大学名称、专业： 上海外国语大学俄语专业

研究生阶段就读大学名称、专业： 上海外国语大学俄语专业

博士阶段就读大学名称、专业： 美国北卡罗来纳大学斯拉夫语系语言学专业

从事职业（公司、职务）： 市场营销与企业传播资深业者，前霍尼韦尔中国市场营销与企业传播高级总监

附中与我的奇妙缘分

人生初识　误打误撞入附中

  1988 年的浦东还只是农田遍布的乡下，周末坐轮渡去浦西都是件"进城"的大事，关于"培养外语外交人才的摇篮"的上外附中，我和我的家人都是知之甚少。有一天，六师附小的老师让我和其他两位同学一起报名考上外附中。对于已经被建平中学提前录取的我而言，这次报考就像是参加一场智力挑战比赛，我的家人们也没有重视，放我一个人去报名。在报名现场需要填上三个期望学习的语言作为报名志愿，当时年纪还尚小的我并不太熟悉除英文以外其他语言，只是知道爸爸学过俄语，还教我唱过喀秋莎，而我的堂姐则

161

去了日本，所以便依次填了英语、俄语、日语三个语种。未料到最后考上的学生中只有两位同学的志愿里填了俄语，我也因此进入了俄语小班。

可是当我收到正式录取通知书的时候，在建平中学工作的爸爸提出了强烈的反对。那时候中苏关系不怎么样，俄语才能难以得到施展，加上家里经济条件并不好，上学住宿要费家里不少钱和粮票，使得本就困难的经济状况雪上加霜。再者，建平中学也舍不得我这个优秀学生。好在我爸爸一直支持我有自己的主张和自由空间，在我和六师附小老师的劝说下，最后还是点头让我如愿入学附中。

高中毕业后，我直升进了上外俄语系，用了三年时间获得学历，后又直升读研，两年里获得硕士学位，然后拿到全额奖学金赴美留学。

六年附中的扎实俄语基础，使得我在进上外后做的第一件事情就是向俄语系申请跳级考试。彼时，上外德语、法语和日语系都有跳级考试的做法，而俄语系还从未有过这样的先例。老师们同意了我跳级考试的请求，但仍深揣疑虑，这点从我的辅导员通知我拿到跳级考试第一名的时候可以看出来，他说："没想到你这个'跳进跳出'的上海学生居然俄语成绩还真不错。"我也一直保持专业课第一名的好成绩，每年拿奖学金，毕业后直升上外俄语语言学硕士。

除了俄语的学习，其他语言的学习我也从未落下。高中和大学期间，我坚持去夜校进修英语；在大学毕业前获得了上海市颁发的英语高级口译资格证书，同时也以高分通过了托福和 GRE，这为我后来成功申请美国大学博士研究生课程打下基础。而在高中阶段学的二外日语也为自己后来的学习和工作带来了帮助。所有的这些基础都是和附中密切相关，老师们培养我们每日听说读写自律生活的习惯，也不断鼓励我们拓展自己能力的边界，想象所有的可能。

人生际遇　俄语牵线搭桥

事实上，我的整个职业生涯都没有用到俄语，但在很多重要关头，都是俄语为我牵线搭桥，说起来，这真是非常神奇的缘分呢。

我在美国北卡罗来纳大学完成了斯拉夫语语言学博士课程后获得工作邀约，到休斯敦的一家石蜡贸易公司工作，主要工作是开拓俄罗斯市场和大客户运营。2002年年底我回国探亲，不巧赶上"非典"疫情滞留在国内。在一次社交活动中我认识了彼时GE的中国技术中心首任总裁艾德奇先生。他是美籍白俄罗斯人，我们很自然地用俄语聊起了天，他当时诧异极了，竟能在上海遇到一位俄语说得那么好的人，所以当我们聊到我对未来的打算时，我表示基于现在一时回不了美国的现状，可能会先在上海找找工作，艾德奇先生便和我互留了联络方式。两个月后我通过一系列面试流程进入美国通用电气公司（GE）全球研发上海中心工作。后来，艾德奇在离任前告诉我，他从我的俄语水平和留学经历判断我是他们需要的人才，他也非常高兴我的业绩表现不负所望。在GE工作的时候还有一个和俄语有关的印象深刻的事情，就是在申请一个内部职位的时候，招聘经理、业界大咖、时任GE中国公关总监的李国威获悉我是俄语专业的时候说，"你的学习能力一定很强，因为俄语是一门严谨而难学的语言。"

2008年，我成为SPX公司亚太区市场营销和企业传播部门的第一负责人。随后我的俄语又助力我成为空冷业务和上海电气成立合资公司的工作小组核心成员之一。2014年5月，我在霍尼韦尔特性材料和技术集团亚太区市场营销和企业传播的职位上入选全球高增长地区的高级别人才培训项目，因为这次特别培训在莫斯科举行，俄语是很大的加分项。从1988年9月我进入上外附中学习俄语开始，到2014年5月，工作12年后，我这个俄语生才第一次正式踏上俄罗斯的土地。

人生理想　助力文化交流

我的人生理想，在我 14 岁在上海中福会少年宫做对外接待志愿者时便早已定下——我要做文化交流使者，帮助不同文化背景的人彼此沟通、了解。

20 世纪 90 年代，上海市中福会少年宫作为改革开放的窗口、对外展示新中国少年儿童生活的重要场所，经常接待具有外交政治意义的团体。我在这里做对外接待志愿者的五年时间里接待了许多具有政治意义的高级别代表团，其中印象尤为深刻的是广岛原子弹受害人访华道歉代表团。这是一群白发苍苍的、带着各种受核辐射影响造成的身体残障的老人。当跛腿的团长奶奶带领着全团老人深深鞠躬表达他们歉意的时候，我的内心备受震撼。这也在我心里深深埋下一个念头：只有交流沟通才能彼此理解，才能共建更美好的生活和更好的世界，才能迎来更好的合作和未来。

我后来的职业生涯，可以说都离不开交流沟通、建立理解、合作共赢发展。企业传播是最直接的内容"阵地"，传播理念，获取共识。而市场营销则是如何将科技力量转译成商业价值获取理解，实现商业共赢。

对于现在仍在附中学习多语种的同学，我有以下三条建议。第一条就是要找到自己的兴趣和理想，知道自己的喜好，过自己想要的生活，而不是过别人（包括家长）预设或是安排的生活。第二条就是真实地了解自己，什么是自己会的不会的，什么是自己擅长的不擅长的，合理分析自己适合什么。天赋往往比努力更重要。第三条就是勇于尝试，勇敢者先体验世界。要珍惜当下的每一个机会，因为谁都不知道未来会有什么奇妙的事在等着我们。希望大家都能活出精彩人生！

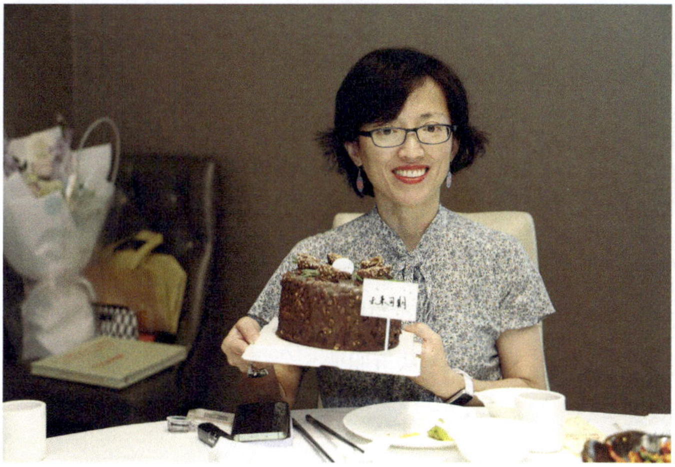

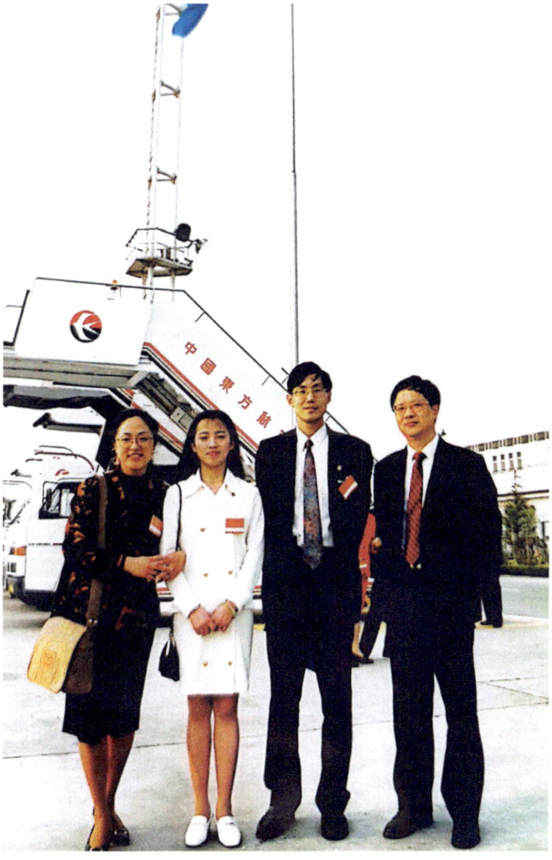

校友信息

姓名：徐婷
中学所学外语语种：俄语
毕业年份：1995 年
本科阶段就读大学名称、专业：上海外国语大学俄罗斯语言文学专业
从事职业（公司、职务）：中国银行上海总部金融机构客户经理

向外探索，向内生长

报考附中的时候，我对小语种学习几乎是一片茫然，因为从来没有接触过。正好有位长辈是华东师大俄语系的教授，从他那里我大致了解了非英语语种的学习。填报语种志愿的时候，我填了服从调剂，最终被调剂到俄语班。

进入附中后，我从零开始，按部就班地跟随老师学习俄语。在其他的学校还极端注重书面英语及应试时，附中已经着重培养同学们的外语表达能力，强调听说读写"一个都不能少"，设置外语的早、晚自习，督促大家在自习课听外语、跟读、背诵，帮助同学们一步一步地打好外语学习基础。

当然，外语学习也不只停留在"听说读写"的层面。为了提升同学们的学习兴趣，附中还举办外语文化周，营造浓厚的外语交流氛围，让我们感受外语，应用外语。活动期间，我们办宣传报，排练外语小品，演绎国际经典剧目，好不快乐！甚至我刚会念些字母、说些简单的句子时，就敢壮着胆子加入合唱《国际歌》的队伍。令我印象深刻的是，最后进行文艺汇演时，英、德、法、日、俄五个语种的同学一起上台，齐声歌唱《国际歌》，发音不同，语言不同，却交织融汇成同一曲旋律，让人体会到不同语言和文化的魅力。

另外，学习外语，我们自然会对语言背后的国家、社会、文化产生兴趣。为了满足学生的好奇心和探索欲，我们还有机会和苏联的小朋友组成笔友搭档，互相交流，一起学习，促进跨文化交流。

如果说外语学习能够让我向外探索，政治课、语文课的课前演讲则让我向内生长，锻炼我的思辨、表达能力。政治课上，我们简述当天新闻并发表感想；语文课上，我们轮流讲《红楼梦》里的人物故事及自己的体会。有时候，老师会临时叫些同学起来发言，这要求我们认真倾听别人发言，思考自身感悟，同时在极短的时间内组织语言，表达观点。课前演讲并不是偶尔某节课老师一时兴起才有，而是我们每节课坚持、每学期贯彻的事情。一节课接着一节课，一学期紧跟一学期，我们竟然把课前演讲坚持了六年。这样下来，每位同学的公开表达和应变能力都增长不少，对以后的职业发展也大有裨益。

就这样，我在附中打下了良好的俄语学习基础，提升了各方面能力，保送进入上外俄语系学习。保送生对比零起点的同学来说还是有一定优势，即使相较于从其他附中来的同学，上外附中的毕业生口语、听力、发音也深得各专业课老师的好评，这都得益于附中专业、严谨的外语教学训练。

1995年进入大学时，系里允许学生通过一年级的专业考试后，跳级进入二年级学习。有中学阶段的外语专业基础加持，我以每门课都超过85分的优异成绩通过了大一的跳级考，三年修完了四年本科学业的学分，提前一年毕业。

之前，我向外探索的是俄罗斯语言文化；大学毕业后，我再次向外探索，发掘其他专业的乐趣。由于本科期间我曾辅修涉外保险，对金融知识有些了解，大学毕业后我通过校招进入中国银行工作，目前主要负责人民币国际化、金融市场双向开放、互联互通的业务领域。中国银行在境外62个国家和地区有很多分支机构，需要大量既懂外语又懂业务的员工，尤其是在非英语国家。2002年，我通过全国的选拔考试外派去了哈萨克斯坦中国银行。当时毕业4年，我的俄语实际已经有些生疏，没想到我又在工作中将俄语学以致用。实际走出校园后，正是附中打下的外语基础，让我有机会获得拓宽业务视野的发展路径，不断向内生长。

而且，通过考试和外派，就相当于进入了系统的外语人才库，在以后的工作中你就会获得更多的涉外工作机会，银行系统内需要用到俄语人才时会第一时间想到你，比如世博会、进博会的外事接待和翻译，涉外的审计、诉讼等。2015年起，中国银行组织实施了若干期"一带一路"国际金融交流合作研修班，其中一期就是面向中亚五国的财政金融、经济贸易等政府部门的高级官员，以及大型企业或金融机构高管人员。我作为既有俄语技能又有金融知识的员工，陪同、接待来访人员，向他们介绍中国开放的金融政策，共同探讨国际经济合作的发展前景。我虽是俄语出身，但努力将外语与金融结合，在实践中不断学习俄语专业之外的业务知识，增长自身才干。

附中为我们提供了向外探索、向内生长的沃壤，我们也带着附中教会的经验价值蓬勃发展。致附中的学弟学妹们：珍惜附中的快乐时光，珍视同学友谊，探寻自己的发展方向，未来属于你们。如果你已经明晰自己心中所向，请为之努力。如果还不是很清楚未来的方向，请扎实走好今天每一步，把外语钻研到极致，将来无论学什么、做什么，都将是很好的助力。

校友信息

姓名：王锋

中学所学外语语种：俄语

毕业年份：1997年

本科阶段就读大学名称、专业：俄罗斯莫斯科国立大学新闻系

从事职业：某企业主管

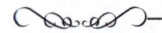

附中是我们心中永远的家

正值上外附中六十周年校庆之际，万众校友满怀欣喜共同为伟大母校庆贺。非常感谢我的母校给了我生命中最美好最难忘的七年学习生活经历，让我在这里遇到了传道授业解惑的启蒙老师，结识了情同手足的同窗挚友。

还记得在报考上外附中的时候，招生老师特别介绍了学校教学的外语特色——除了英语之外，还有德、法、日、俄四个语种。这在当时上海的中学圈中，是绝无仅有的存在。我确实好奇，于是在外语种类项下选择了小语种可调剂。通过层层考核，接到俄语班的录取通知书。在20世纪90年代中学外语学习俄语的真是寥寥无几，我内心不禁有点顾虑。正巧父亲报社老同事因女儿被公派去莫斯科戏剧学院进修俄国文学，向我介绍了许多俄罗斯文化艺术方面的情况，热情鼓励我好好学俄语，由此激起了我对俄语学习的兴趣。中学阶段的外语学习不单只是背单词记语法，老师还带我们排练经典戏剧，阅读文学著作，观看影视片，学唱歌曲朗读诗歌，在各方面提升语言能力。

1997年高中毕业之后我选择了自费留学，远赴俄罗斯莫斯科国立大学攻读新闻系。初到俄罗斯，并没有因为语言而产生交流隔阂，中学打下的扎实语言基础令我更快地适应了国外的学习生活。我课堂上有更多时间投入专业知识的研究，课余时间参观了各地的博物馆、艺术画廊，观看了著名的戏剧、歌舞、芭蕾演出，加深了对俄罗斯艺术文化的了解。我还结识了许多来自五湖四海的国际留学生，了解很多不同国家的风俗文化。留学令我开阔了眼界，锻炼了交流能力，从而感受到了国际多元文化的魅力。

毕业以后我回国在新闻单位短暂工作了一段时间，然后因为家庭原因移居了加拿大，三年前我又回到了上海，目前从事商业企业管理工作。外语始终是我交流学习、工作最重要的工具，多语种能力不仅让我轻松阅读外文资料，也使我很自信地与各种外籍人士交流。我通过学习不同语言，比较、区分、转换不同的语言形式和意义，训练了敏捷的思维。多年的国外学习生活经历，令我看待问题视角更加多元化、更加全面，在与各类客户的交流之中，更善于运用语言来表达思想及观点，促进彼此的了解与沟通。

这些年多国的游历经历，让我深刻感受到语言沟通可以迅速拉近人与人之间的距离。语言是认知世界最重要的工具，正是因为人类掌握了语言的能力，所以才可能认知世界，文明才得以不断进步。在各种信息冲击的当下，充分把握语言工具带来的便利，可以更快地融入国际化发展潮流，更好地捕捉瞬息万变的全球商机。商业的发展将对国际化复合型综合人才的要求越来越高，具有多元化的思维应变能力、具有国际视野的服务意识理念，才能在竞争激烈的商业市场上充分立足。

　　当今世界，全球格局正在发生深刻变化，世界多极化和经济全球化潮流势不可挡。随着中国在世界舞台上发挥越来越重要的作用，在同国际社会探索合作与发展交流中，需要培养更多具有全球视野、专业能力的国际化人才。所以我们新一代上外附中学生应努力保持一贯的外语学习优势，以熟练掌握多语种为目标，在各领域保持国际化视野，接触更多的跨文化信息交流，成为高端复合型外语人才，为"一带一路"倡议的推进、为国际社会文化经济政治各领域的发展作出贡献。

　　返校日回到附中，看到校园里整齐美丽的教学楼、学生们青春洋溢的笑容，回忆起曾经的附中时光真的非常激动。附中是我们心中永远的家，也衷心祝福我们的母校越来越好！

校友信息

姓名：杜韵莎

中学所学外语语种：俄语

毕业年份：2004 年

本科阶段就读大学名称、专业：上海外国语大学俄语语言文学专业

研究生阶段就读大学名称、专业：上海外国语大学俄语翻译实践与理论专业

博士阶段就读大学名称、专业：俄罗斯圣彼得堡国立大学教育理论与方法（对外俄语）专业

从事职业（公司、职务）：上海外国语大学俄语系教师

我和俄语的相互选择

我在上外附中学习的语种是俄语，与其说是我选择了俄语，倒不如说是俄语选择了我。我们那时候读什么语种是由学校根据入学考试的成绩来分配的，我的成绩不多不少，刚刚好让我分到了俄语班。对于那时候年纪尚小的我来说，无论是俄语这门语言，还是俄罗斯这个国家，都是一个完全未知的知识领域。也许正因为如此，我一开始对俄语也没有任何先入为主的想法，没有特别喜欢，也没有特别排斥。之后随着学习的不断深入，我逐渐感受到了这门语言的魅力和负载着这门语言的文化之深厚，自然也就喜欢上了这门语言。

附中七年的俄语学习为我之后的学习和工作之路奠定了扎实的基础。凭借着俄语优势，我被保送到了上海外国语大学俄语系就读。附中的俄语教学水平在上海首屈一指，放眼全国都是遥遥领先的，因此，附中毕业的俄语生的语言应用能力自然是不用说的。与我同一届进入大学的附中俄语生，俄语水平都要超出其他学校的学生不少，尤其是听说能力。因此，我们获得了很多机会，比如代表学校参加各种全国性俄语大赛，比赛获奖者还能获得留基委的公派留学资助。除此之外，我们也有幸可以参与许多志愿者翻译实践活动，例如残奥会等等。

进入附中学习俄语之后，俄语就在我的生命中占据了非常重要的位置。我一直学习着这门语言，在俄语的道路上越走越远，学问越挖越深，本科、硕士、博士都在学习这门专业。现在，我也从事着与俄语密切相关的工作——俄语老师。我是我们学校最后一批本校学生留校任教的，因此，我总觉得自己担着一个沉重的使命：我要将自己从小到大所学的知识传递下去，我要将上外附中和上外的俄语教学传统和精华传承下去。也许，我的潜意识也认为自己与俄语不可分割，说个玩笑话，我甚至找的另一半也是学俄语的，似乎这样，才会觉得有更多的共同话题，对很多事才会有更多的共识与共鸣。俄语，它仿佛贯穿了我的学习、工作和生活。它无处不在，无所不能，无可替代。

我常备感幸运，因为我实现了自己儿时的梦想。我从小就梦想当一名老师。只不过随着年龄的增长，这缥缈的梦想慢慢变得具象了，从想当一名小学老师慢慢变成想当附中的俄语老师，又变成想成为一名大学俄语老师。为何对这个梦想如此坚定呢？我想这一定和我一路遇到的好老师有莫大的关系。我感激在不同阶段遇到的每一位老师，但最感激的还是中学时期的俄语启蒙老师——胡坚明老师。她不仅在学习上，也在生活上给了我很多帮助。我们那时候很多同学的理想就是成为像胡老师那样的老师。

现当下人工智能兴起，层出不穷的翻译软件让语言学习变得似乎可有可无。俄语教师这个行业的未来我不敢说，人工智能到底会不会替代我们谁都无法预测，但我想，教育这个行业是不会消失的，因为只要有人的地方，就需要教育。教育教的不只是知识，还有文化、素养、为人处世等等。老师除了要有过硬的专业知识外，还要有足够的耐心和很强的沟通能力，需要倾听学生的心声，和他们谈心，这些人文的关怀都是冷冰冰的机器所无法给予的。十年树木百年树人，教师从来就不只是传授书本知识的教书匠，而应该成为塑造学生品位、品行、品格的"大先生"。

最后，我想对学习小语种的学生说：不要总觉得学语言没有用。语言是工具，同时它也是资源。只要你学好它，真心喜欢它，它对你来说，就不可能一无是处。

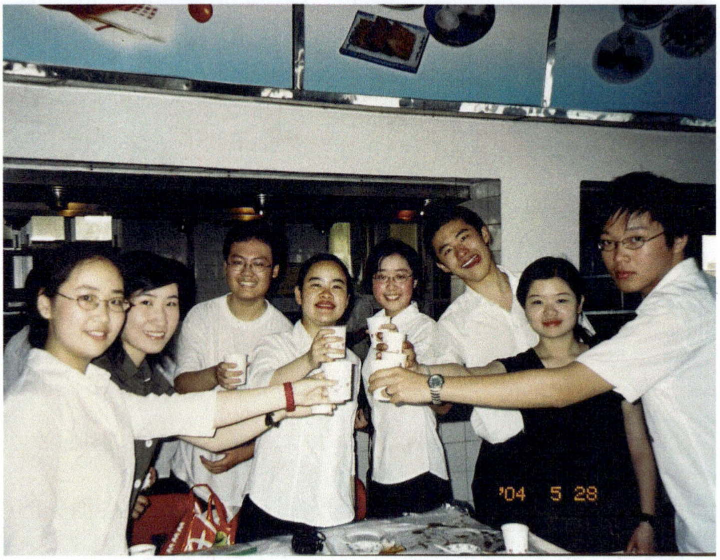
'04 5 28

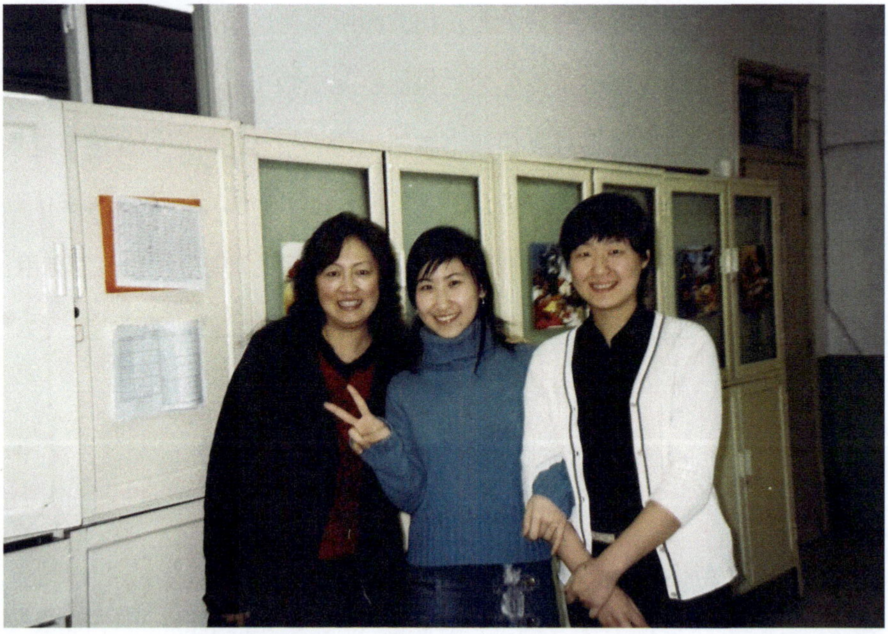

校友信息

姓名：徐梦婷

中学所学外语语种：俄语

毕业年份：2004年

本科阶段就读大学名称、专业：北京外国语大学俄语语言文学专业

研究生阶段就读大学名称、专业：北京外国语大学俄语语言文学专业

从事职业：某投资银行并购重组

青春无问西东，岁月自成芳华

俄语选择了我

回想报考上外附中的初衷，最吸引人的特点就是外语优势，多语种更是独一无二。至于为什么最后会学习多语种，我们入学前需要填报第一外语和第二外语志愿，多学不吃亏，统统都填满。收到入学通知书的时候才知道，俄语选择了我，就这样我走上了一条贯穿我求学生涯的俄语之路。

我初学俄语时其实非常不适应，三十三个俄语字母、大舌音、名词变格动词变位，还有其他复杂的俄语语法……种种困难一度让我感到进入了人生的至暗时刻，大约到初二时才感觉到自己逐渐"上道"。初三时，我很幸运地获得了去莫斯科参加第十届国际中学生俄语奥林匹克大赛的机会，这次契机是我俄语学习的一个转折点。

当时，教育部委托中国俄语教学研究会和黑龙江省教育厅在全国选派7名选手组成中国代表团。赛前我们在黑龙江大学进行了一个多月的集训。经过一个多月密集的知识输入，我对俄语学习在认知上有了一个质的飞跃，这次比赛后我对俄语越来越有兴趣，投入的精力也越来越多。

附中给我们提供了很多课堂以外的实践机会，也搭建了实实在在的交流平台。我印象最深刻的是外语活动周。由于在我们之前的七届都没有招收俄语小班，所以我们这一届几乎年年都是外语活动周各项活动的俄语主力。外语活动周的活动非常丰富，大家都非常积极踊跃地参加各项活动，包括在闭幕式上做小翻译、表演节目、演出剧目等等。回想起青葱岁月里老师带着我们排练、借演出服、去录音室配音，同学们在演出中富有朝气的脸庞，有人配旁白，有人演主角，有人演配角……我依然会不自觉地嘴角上扬。上高中时正值中俄两国友好的关系推动了更多的民间交流。那时附中会组织赴俄夏令营活动，俄罗斯的中学生也会来上海交流，体验在中国的生活。在附中搭建的学习和交流平台上我肆意奔跑，度过了珍贵的七年中学时光。

守正、创新、出奇

出于对俄语的热爱，本科专业我选择了俄语语言文学，而附中多年的俄语学习为我打下了非常扎实的基础，所以进入大学以后个人的核心竞争力更强。这让我在本科阶段有更多余量去做更深入的专业研习、参与海外交流，也能辅修自己感兴趣的其他专业课程，探索不同领域，社会实践和实习的选择范围也相应拓宽。硕士阶段比较明确自己的方向不在学科研究，所以将大量的精力投入翻译练习课程和实习。这一切探索和实践都基于附中给我打下的坚实俄语基础。

硕士研究生毕业以后我入职了一家投行。原本作为语言类专业，尤其是多语种专业毕业生，不太容易拿到投行 offer。我利用了多语种的优势，作为 project intern 参与了几个跨境项目，最后"曲线救国"拿到 offer。多语种的专业背景有一定的差异化竞争优势，尤其是我刚毕业的头几年，跨境并购交易比较活跃，给了我很多锻炼的机会。初入投行的前两三年里，我在工作中使用俄语的机会非常多，当时中国企业在探索"走出去"，而俄罗斯在推动国企改革，双边的诉求是非常契合的，我几乎每个月都要去俄罗斯出差，帮助中俄企业互联互鉴、互通合作。

或许大家会觉得一个学语言专业的人去从事金融领域的工作，跨度很大，很难适应。就我个人的认识，投行偏好有快速学习能力和善于抓住事物本质的人。比如做并购交易，社会接触面很广，并不拘泥于特定行业。我参与过矿业、制造业、教育、金融等等行业的项目。除了基础的金融知识，每一个项目都要求我们在短时间内让自己成为一个行业的"半专家"。这一点其实很像我在大学时打工做口译翻译，需要快速适应不同的行业、不同的主题、不同的场景，抓住重点传达语义。记得入职时我对自己能否胜任缺乏信心，mentor 鼓励我说，让你做投行不是做医生，只要时刻牢记葆有敬畏之心、严谨之心和赤子之心，鲜花和掌声会在前方等待，荆棘与挑战也不会缺席。一晃数年，我也成了 mentor，还会时常记起这句话。

不忘初心，方得始终

　　现在的中学生每天都可以从各处获取大量的信息，大家的学习压力相比从前也会更大，还请珍惜学习多语种的经历。如今，我在工作中直接用到俄语的机会已经比较少了，但这不代表俄语退出了我的生活，闲暇时或有压力时翻翻俄语书籍，看看俄剧，对着俄语人才懂的梗笑一笑，感受语言的美好，是生活中小小的乐趣，也是慰藉。

　　学弟学妹们无论学习哪些语言，未来在哪些领域发展，在某个倍感压力的夜晚，不妨试着再一次找出曾经看过的多语书，读一读其中的文字，也许会和我一样，回想起看到俄语字母表时的惊讶，回想起名词变格、动词变位的烦恼，回想起自己出发的原因，回想起最初最美的冲动。愿诸君各自闪烁，直至汇成银河。

校友信息

姓名：胡申

中学所学外语语种：俄语

毕业年份：2011 年

本科阶段就读大学名称、专业：上海外国语大学俄语语言文学专业

研究生阶段就读大学名称、专业：圣彼得堡国立大学对外俄语专业

从事职业（公司、职务）：某公司俄语区销售主管

俄语：为我打开贸易之门的钥匙

与俄语结缘

我的英语学习从小学开始，因此有机会能在中学开始学习多语种，能够有效提升自我竞争力。本来我报名上外附中志在学习法语，但学校分配我学俄语。为了留在附中，我接受了调剂。

当时附中实行小班化外语学习教育，并且我们很早就融入外教的引导。附中的教育绝不是枯燥的应试教育，而是重视培养学生的交际能力、综合能力。各种各样的文化交流活动为我打下了坚实的基础，例如俄罗斯民族节日时，附中的老师会带我们去俄罗斯领馆交流，与那里的孩子们共度节日、交流民俗。附中当时也与俄罗斯的学校达成合作协议，莫斯科、圣彼得堡的学生也会来到附中与我们一起学习、生活。我印象十分深刻的是，有一次，俄罗斯的船只停靠在上海港口，船上都是学生兵。领馆组织我们一起去船上参观，船员还会给我们唱歌，给我们展示如何爬上桅杆。

上外附中的课余活动丰富多彩，例如辩论、话剧表演、模拟联合国等。当时我虽然没有亲身参与辩论，但我担任辩论队的组织者，督促辩手写稿，与辩手一起练习，了解时间节点，对外沟通，统筹前后细节。这些技能在我未来的发展中用处很大。我鼓励大家多参加此类活动，全方位培养个人能力，例如沟通表达、思辨能力。高中毕业后我通过直升考试进入了上海外国语大学，就读于俄语语言文学专业。由于在中学打下的俄语基础，我被选送参加了大学俄语比赛，从而获得了大三公派留学的机会。因为我在中学期间打下了较好的俄语基础，我能够在大学以及研究生学习阶段将更多精力放在俄罗斯文化研究上。尤其是在俄罗斯留学期间，我怀着满腔的热情和自信深入地了解俄罗斯，与当地的人民交流，我对俄罗斯也更加喜爱了。

俄语为我打开贸易之门

毕业后，我一直从事与俄罗斯贸易相关的工作，或是进口或是出口。坚实的俄语基础帮助我与客户有效沟通。我在口语方面频频收到客户的赞赏，认为我的口语表达超出了绝大多数的俄语学习者。这要感谢我在中学时期受到的教育。

另外，因为我的中学学习以及留学经历，我在与俄罗斯人交流时，能做到从容不迫、不怯场，这一点在中国学生中相对突出。原因有两方面：第一，外语学习时间早，开口早；第二，我一直不断地接触外国人和外语，提高了语言交流技巧和自信心。在多年的工作中，我深刻感受到俄罗斯人强烈的民族自豪感，他们热爱自己的文学、文化和艺术，这与中国人十分相似。如果我与俄罗斯人交流陀思妥耶夫斯基、俄罗斯的芭蕾舞、话剧等等，他们会感受到我对俄罗斯文化的了解和认可，这样我与他们的距离一下子就拉近了。而早在我在附中念书时，老师们就会给我们介绍俄罗斯作家、艺术家，我们也会阅读一些经典名著的片段，背诵一些俄文诗歌。附中的教育在文化引领上给我们造成了深远的影响。附中的老师会根据各个国家不同的国情设置有侧重点的课堂内容。我还记得当时德语班的同学们更多是在阅读新闻、经济，我们还常调侃德语同学上的是"政治课"。

乘上时代的浪潮

学习俄语有些机缘巧合，但却也是幸运的。多年来中俄关系持续良好发展，俄语学习者在许多领域都迎来了发展机遇。从 2004 年我初学俄语时电视上鲜少有俄罗斯的新闻报道，到如今中俄各方面战略合作，为俄语学习的小伙伴提供了多元的就业选择。

我目前从事的是对俄出口汽车配件产品的销售工作，对接的客户多为大型企业客户。这份工作是销售性质，需要与客户沟通，了解深挖客户需求，匹配公司资源，进行商务谈判，促成合作。目前来说我的理想是打造中国汽车后市场零部件品牌。目前整体汽车行业都处在蓬勃发展的风口，中国整车出口已大踏步地走出了国门，相关的汽车配件业务也将迎来自己的机遇。对于汽车制造业而言，中国从最初的合资技术引进，到制造本土化，积累了相当丰富的经验，目前拥有强大的实力。这个板块是重资产行业，相对也不容易被劳动力低廉的东南亚市场抢去。我认为未来二十年内，这个行业有望继续保持上升趋势。

针对俄罗斯市场，由于目前的俄乌冲突，老牌欧美汽车品牌都从俄罗斯撤出，这给了中国企业一个快速切入的机会。我认为在语言和外贸领域工作的人，多少都会受到国际形势的影响。但是附中的同学有小语种技能，英语也没有丢下，最重要的是具备各种综合能力，竞争优势还是很明显的。

对于未来希望从事对俄销售工作的学生来说，需要在校内提升自己的综合能力，比如沟通交流、思辨、书面、口头表达能力，加强对俄罗斯文化、风土人情的了解，另外也可有意识地提升自己的谈判技巧，未来会在国际舞台上大放光彩。

校友信息

姓名：倪文卿

中学所学外语语种：俄语

毕业年份：2011 年

本科阶段就读大学名称、专业：上海外国语大学俄语语言文学专业

研究生阶段就读大学名称、专业：上海外国语大学高级翻译学院俄语会议口译专业（俄英汉方向）

从事职业（公司、职务）：上海社会科学院俄语翻译

以语言为基石，迈向国际舞台

与俄语的结缘

在被问及"为什么会选俄语"时，我一直会这么回答："不是我选择了俄语，而是俄语选择了我。"在得知将进入上外附中小语种班学习俄语的时候，年少的我对俄罗斯这个国家可谓是完全不了解，在主流的英语学习环境中，俄语的地位仿佛是无法撼动大树的蚍蜉，令人感到陌生，甚至是有些害怕。不过，当时的我很快调整了心态——英语靠自己也能学习，从小我对语言学习便有一定天赋。学习一门新的语言，不仅仅是学习语言的基础、语法、构词，更是为自己未来开辟一条新的道路。

在附中七年的学习中，我很有幸得到了胡坚明老师、张佳佳老师、黄蓓老师的悉心栽培，打下了坚实的俄语基础，并且有幸代表中国参与了俄罗斯"语言无障碍"俄语竞赛，在初三的时候首次踏上了俄罗斯的土地，领略了俄罗斯神秘又美丽的自然风光。高中时在附中的组织下，我与同学们在俄罗斯莫斯科和圣彼得堡这两座风景秀丽的城市度过了难忘的三周。此外，我也积极应用所学到的语言知识，参加了校内俄语及英语口译考试、上海市中高级口译考试、上海稀缺小语种人才语言考试，为之后的翻译之路设下了铺垫。

从语言学习到翻译工作

在高三紧张的学习氛围下，在和家人讨论过后，我决定发挥自己的语言特长，继续俄语方面的学习深造，由此选择了保送上海外国语大学俄语系。在头两年的学习中，中学阶段奠定的扎实的语言基础、地道的语音表现、流畅的口语表达帮助我获得了代表上外参加全国俄语大赛的资格，并在低年级组竞赛中获得二等奖的好成绩，并由此获得了大三公费前往俄罗斯留学的机会。而在与上外老师的交流中，我萌生了成为俄语翻译的想法，并得到了小试牛刀的机会：在大四我参加了全国口译大赛并获得二等奖。在比赛后保研上外高翻学院俄语口译专业，开启了向俄语会议翻译转型之路。

在高翻学院的学习中，我将附中所习得的语言基础应用到具体的语言使用环境，进一步提升了我的俄语能力，帮助我在口译实践中发挥出最佳水平，帮助架起"语言桥"，推动双方的沟通效率。在毕业后，我考入了上海社会科学院的俄语翻译岗位，将翻译作为自己的事业。在工作期间，我参与了院内专家代表访问、座谈会等专业学术活动的翻译，此外，我也有机会在国际国内大型会议中担任同传、交传以及笔译工作，其中，附中扎实的语言基础功不可没。

对于翻译而言，语言仅是入行的敲门砖，要想成为专业优秀的翻译，我认为广泛的知识涉猎也是非常重要的。所以在工作之余，我也会努力学习政治、经济、文化等相关专业知识，扩大自己的知识面，积累相关领域的专业词汇，学习相关概念。此外，在每次翻译工作结束后，我都会归纳总结，整理翻译项目中遇到的生词、概念，总结可以改进之处，帮助我未来的成长。

当前市场更注重的是复合型人才，所以单修一门语言并不足以满足市场需要，翻译这门职业也享有"万金油"的称号——什么都要懂一些，什么都要知道一些。知识面的扩大不仅对翻译工作有好处，在日常生活中也能扩大自己的眼界，提升自己的大局观和思考能力，帮助我们成为更优秀的社会人。

人工智能与翻译的关系

随着科学技术的发展，ChatGPT、谷歌翻译、DeepL等软件逐渐兴起，弥合了语言之间的鸿沟，也引发了关于人工智能是否会替代人工翻译的讨论。

关于这一点，我们首先要明白的是，人工智能是一项辅助性的技术，并不是我们的"敌人"。人工智能的查重、检索、纠正功能能够大幅提升我们的翻译效率，也能够起到参考的作用。但是人工翻译的优势在于可以根据上下文语境、交流情景来给出更为贴切的译文，进行更为灵活的变动，这一点是人工智能无法替代的。

所以，对于想要从事翻译行业的学弟学妹们，我的建议是善用人工智能的辅助性功能，同时尽可能利用课余时间去积累更多的知识，打牢语言基础，为未来的翻译工作做好准备。

校友信息

姓名：**潘水石**

中学所学外语语种：**俄语**

毕业年份：**2011年**

本科阶段就读大学名称、专业：圣彼得堡国立大学对外俄语专业

从事职业：自由译者

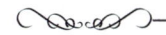

附中和俄语带给我的……

2004年秋，天气反常闷潮，但湿津津的上学路并没有影响我这个新晋中学生的心情。带着无限的好奇和憧憬，我踏进了上外附中的校园。作为一名普通小学里的平常学生，竟然能走进这所大家口中的"神仙学校"，学起了斯拉夫老大哥的语言，如今想来，多半是缘之所至。

随着老师的第一声陌生问候"Здравствуйте, ребята"，我的"美妙俄语之旅"也就此开启，每每回忆起这段旅程，总会夹带着自豪、庆幸又流连，不能自已地嘴角上扬。

附中和俄语带给我的，是顺其自然的学习习惯。 进校不久后，就发现这所神仙学校最"仙"的地方就是"气定神闲的轻而易举"。

语言学习课堂总是充满轻松和愉悦的氛围，没有死记硬背和挑灯夜战，几乎所有的知识点都是在实际用例中"溜"进记忆里，就连当时"能偷懒则偷懒"的听录音早读现在回忆起来都是一种最自然的积累（现在想来，学生时代的厌烦真是"少年不识愁滋味"的"强说愁"）。如此"不强求"但"学无止境"的方法一直贯穿现在的工作生活习惯，对思维模式的养成也起到了很大的帮助作用。

附中和俄语带给我的，是眼界和胆识。都说语言学习少不了环境和应用，这也是多数东亚非国际学校学生所欠缺的资源，但附中给我们创造了许多特别宝贵的运用场景：国际文化周、课本外选修课、优秀的外教课、姐妹学校交流、驻沪领馆活动、各类语言类竞赛……不得不说，虽然"闭门造车"也不失为一种学习方法，但"走出去"对学生的心理素质和能力锻炼都能起到指数倍的效果。我们在校时，正值中俄文化交流旺季，借着"俄罗斯年""中国年""俄语年""中文年"等契机，我们获得了许多不可多得的"见世面"机会，亲身体验了语言能力带来的沟通魔力。而对我个人来说，最值得感恩的莫过于赶上了八年一遇的世界俄语奥林匹克竞赛，并有幸加入中国队，和队友们一起取得了优异战绩，由此获得了宝贵的国家留学基金管理委员会公派留俄机会。这个契机在迷茫的择校择业阶段可以说给我指了一条明路。

附中和俄语带给我的，是受益终身的良师益友。就我个人来说，附中的两位俄语老师（胡坚明老师和张佳佳老师）几乎是人生导师的存在。专业上，地道的语音基础和扎实的语法功底都是语言学习的"地基"，正确的获取信息方式则是保障语言这座"建筑"施工效率的得力工具。大学时，我学的专业和老师们一样，是"俄语教学"。毫不夸张地说，中学时代老师们的很多教学方法和传授给我们的学习技巧都让我在大学时代和俄语母语者的"竞争"中毫不逊色甚至常常出彩。除此之外，我在学习以外的生活中，也从两位老师处获得了许多"掏心窝"的指南。就算是如今我都已经到了老师们教我们时的年龄，每次和老师见面都有说不完的话，"自己人"的感觉总是让人心安，也是充满利益的成年人的世界中最难能可贵的财富。

附中和俄语带给我的，是坚定的未来选择。俄罗斯并不是一个常见的留学目的地，在我们时代的刻板印象中，它更像是一个二流学生的收容所，生活条件和国际排名都不甚理想。哪怕是俄语专业的学生，大多数也只是选择去念短期的硕士学位。因此，本科 4 年可以说是有些冒险的"怪胎选择"。虽然不能说是毫无杂念，但附中时代所养成的对俄语的热爱给了我毫不犹豫的勇气，而实际的经历也让我从未后悔这个选择。无论是从专业的提升，还是能力的养成，俄罗斯的学习生涯都是一个明智的"人生站点"。

附中和俄语带给我的，是对工作的十分专注和对专业的绝对自信。中学时代的学习经历几乎让我对未来的大学专业和职业选择毫不迟疑。小时候常常听说：把爱好当作工作会毁了爱好。但很庆幸，我的经历是一个美丽的意外。语言对我来说，是工作，更是爱好。

工作性质独立、业务选择自主、专业性强、涉及面广——自由翻译的工作特点都和我的个性天造地设，完全吻合。每一篇译文的成稿就像是自己精心雕琢的作品终于成形，不时能获得的成就感和满足感就是最佳营养剂，让精神得到愉悦滋养。幸得此佳职，夫复何求？

岁月不居，时节如流。中学生活短短七载，在漫漫人生路上，虽似沧海一粟，却举足轻重。回望七载的附中和俄语情，深感与之结缘是我幸；畅想未来人生，冀望与之相伴是我命。

校友信息

姓名： 张九羿

中学所学外语语种： 俄语

毕业年份： 2013 年

本科阶段就读大学名称、专业： 上海外国语大学俄语语言文学专业

从事职业（公司、职务）： 某公司国际采购部经理

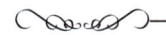

与俄语"双向奔赴"

俄语选择了我，我也最终走向俄语

初二时，一批来自俄罗斯圣彼得堡的中学生们来上外附中交流，他们曾问过我学习俄语的原因。我当时的回答听起来颇具宿命论的感觉："不是我选择了俄语，而是俄语选择了我。"原因是当年入学考试结束后，我被自动分配到了俄语班。可以说，我最初只是在懵懂之间服从了命运的安排，从200多名同级生中被拨入了10个人的俄语小团队。

进入附中前，我对俄语没有任何了解。分班结果一出，我便去看了一些俄语电影，听了一些俄语歌，感觉到不管是发音还是文字，俄语都和一直在学习的英语有很大不同。初学阶段，也常出现混淆两门外语的情况。好在附中的老师们教学经验丰富，一步步培养起我们的俄语语言思维，配合长期的俄语早读、一年一次的文化节、与俄罗斯友好学校之间的交流互动等，都帮助我们拉近了和俄语的距离，提升了语言熟练度。

后来，我保送到上海外国语大学俄语系。与"零起"的同学相比，我附中阶段的俄语学习带来了巨大优势。大一期间，在"零起"的同学们苦于拼写、发音、语法等基础内容时，"高起"可以轻松应对，从而有更多课余时间探索其他领域。我对法律很感兴趣，便利用课余时间学习了相关知识。那时的积累也在我如今的工作中成为一份额外的"礼物"——涉及国际贸易相关的法律法规时，我都能快速上手。

此外，我也因为俄语特长获得了更多语言实践的机会。大二时，我参加全国俄语大赛，获得了二等奖。当时初级组的赛场上，许多选手都是各所院校的"高起生"。而后我获得公派出国的名额，在大三时去往俄罗斯喀山进行了 9 个月的交流学习。俄罗斯的文化底蕴和艺术氛围让我印象尤为深刻，留学期间，大学老师常鼓励我们在完成学业之余，多去俄罗斯的剧院、电影院，从文化层面深入了解一个民族，让语言学习不仅仅拘泥于课堂和书本。

这段留学经历对我来说是十分宝贵的——我的语言水平有了不少提升，但更为重要的是，它拓宽了我的视野和认知，改变了我思考问题的方式，也让我发现学习这门外语是我擅长且喜爱的一件事。

俄语潜移默化地融入工作与生活

大三回国后，室友推荐我去海康威视公司的国际业务部实习。尽管实习期只有两个月，但这段经历让我对日后的职业发展产生了更明确的想法，也给了我一个在工作中将语言学以致用的机会。

大学毕业后，俄语作为敲门砖，帮助我进入了上海的一家国企所属"贸易与国际化事业部"，负责"一带一路"共建国家（乌兹别克斯坦）的大宗纺织产品的进口供应链管理。

中学、大学的俄语学习经历在工作中起到的作用可能是有限的。只有在出访国外、国内领导与国外公司负责人见面时，我才会用俄语协助翻译沟通。平日里，为了方便各部门之间协调，进口采购、供应链管理相关的邮件沟通、线上会议、资料文本还是以英语为主。但工作其实是多维度、综合性的，每当涉及俄语方面的资讯、信息、行业文件、法律政策时，俄语作为小语种的优势就非常明显。我能够更迅速地掌握一手信息，传递给协同部门。

日常生活中，我也会常常关注俄语片区的讯息，查看原版新闻。借用俄罗斯大学教授的话：任何学习过俄语的人，都会在潜移默化中，将俄语相关的方方面面融入血液中，形成独有的生活习惯、思考方式。

将语言与其他领域"复合"

工作后，我愈发感受到将语言与其他专业领域"复合"的重要性。如今科技发达，很多时候机器翻译似乎已经能够代替人工翻译，光掌握一门外语已经不足以成为一项显著的优势。但是如果能拥有另一个领域的专业知识，利用外语助力另一个专业的发展，就可以达到1+1>2的效果，保持自己的独特性。比如对于我所从事的国际贸易领域，掌握一门外语能够帮助从业者更迅速地掌握相应语言片区的动态，在此基础上与外方积极沟通、开展合作。现在，听说许多高校也开始设置复合型专业，我认为这是一个正确的方向。

语言是沟通的桥梁，是辅助交流的工具，但可能不是人生的目的。人各有所长，对于目前正在学习多语种的学生，我建议与家人多多沟通，进一步剖析自身的情况：自己对于语言是否感兴趣？如不是，对哪些学业科目更感兴趣？自己更擅长哪些科目？更愿意为哪些事物花费时间钻研？对于未来大学及学业规划，小语种是否是关键因素？常思考这些问题，或许对于个人发展有所帮助。

　　最后，我也希望每一位附中学生都能度过一段难忘的中学时光。我的毕业时间不算长，能分享的内容尚且有限，希望等到附中八十周年，甚至一百周年校庆时，我能以更成熟的姿态回到母校，分享更多的经历与经验。

日语

校友信息

姓名：周国荣

中学所学外语语种：日语

毕业年份：1991 年

本科阶段就读大学名称、专业：上海外国语大学国际经贸（日语）专业

研究生阶段就读大学名称、专业：早稻田大学国际关系专业

从事职业（公司、职务）：上海市人民政府外事办公室亚洲大洋洲处处长

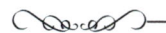

附中岁月：有点甜

缘起附中

我小时候，我的父亲曾自学过日语。当时他跟着电台的日语广播学习，还认真地做笔记。懵懂的我有时会去翻看他的教科书和笔记，耳濡目染，对日本和日语产生了兴趣。后来我进入附中日语班，大学本科在上外学习日语国际贸易。大学毕业后我进入市政府外办，1997—1998 年公派至大阪工作一年，2001—2003 年公派前往早稻田大学，获国际关系专业硕士学位。

在附中学习的经历对我的人生产生了重要的影响，我与日本的缘分就始于附中。我的日语启蒙老师是一位日本人，当时 40 多岁的他与夫人来到附中执教。虽然只教了我们两年，却对我的人生产生了长远的影响。学习上，他对我们严格要求。他按照教授语文课的方式全日文教学，我们刚上课时都很不适应。打个比方，就像是把一个不会水的人丢进水里学游泳。但是在日复一日的交流和应用中，我们自然而然地掌握了语言。生活中，他对我们关心入微。有时，他还会把同学们请到专家楼做客。虽然老师与夫人没有子女，但夫妇二人把我们全班同学视作他们的"子女"。

"国之交在于民相亲"

我读初中时，不少日本学生会来附中交流。当时刚学日语第二天，就接到通知说有日本交流团来附中访问，让我们表演节目。我们顿时傻了眼，幸好日本老师教了我们一段儿歌，尚不知道儿歌意思的我们依葫芦画瓢，跟着模仿，竟也达到了不错的效果。

初二时，我有幸作为上海市中学生代表团成员访问日本。当时我们乘坐"鉴真轮"经过两天两夜抵达大阪。在日本逗留的三周时间内，先后入住两个日本家庭。这两家人心地善良、和蔼可亲，对中国人十分友好，而且有和我年龄相仿的子女。其中一户人家与中国颇有渊源，家里的父亲出生于中国东北。他们带我参观了景点名胜，我也深刻了解了日本风俗。1987年的日本，正值经济发展的黄金时期。日本的国内建设对我的心灵是一次极大的震撼，我心中升腾起一个念头：通过学习其先进经验，为中国的现代化发展作贡献。自此，一颗"外交官"的种子在我心中悄然埋下。通过这次访问，我和两个家庭也结下了深厚的友谊。弹指一挥间，36年过去了，至今我和他们还保持着联系。

正如习近平总书记所说的，"国之交在于民相亲"。民间外交、民间交流，在中日关系中发挥着独特而重要的作用，我十分幸运能有机会参与其中。机缘巧合的是，当时来我们附中挑选出国学生的，正是市政府外办的两位干部。当时我自己也没想到大学毕业后会进入这个单位，而且，还和当时来附中的两位干部成了同事。

圆梦"外交官"

我小时候的人生理想大概属于实现了"一半"——我成了一名地方"外交官"。外交、外事工作需要很高的综合素质。周总理对外交官的要求至今熠熠生辉："站稳立场、掌握政策、熟悉业务、严守纪律"。我十分感谢附中，因为在附中的学习为我的职业生涯打下了坚实的基础。我在附中第一次接触日语，第一次走出国门，第一次感受到不同的文化、风俗、习惯，培养了国际视野。在我的工作中，这些经历和体验，一直发挥着重要的作用。

如今，世界正经历百年未有之大变局，国际环境更加风云变幻。外国人眼中的中国形象也发生了翻天覆地的变化，与我初中访问日本时截然不同。我们目前外交工作的重点和难点，其实就是如何让外国人读懂中国。如果说我对想从事外交工作的年轻人有什么建议的话，那就是需要知识面宽广，了解其他国家的政治、经济、文化、科技、体育、军事等各方面；熟悉对方国家的话语体系，用对方听得懂的叙事方法，讲好本国的故事。

最后，我想对学弟学妹们说：请珍惜在附中的时光。以后，当你回首曾经的青葱岁月，你会发现曾经的甜酸苦辣，现在回味起来竟然都有点甜！

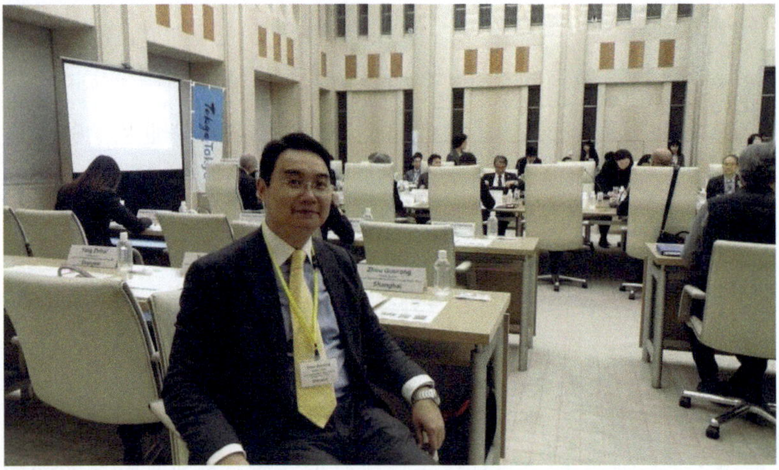
Zhou Guorong
Shanghai

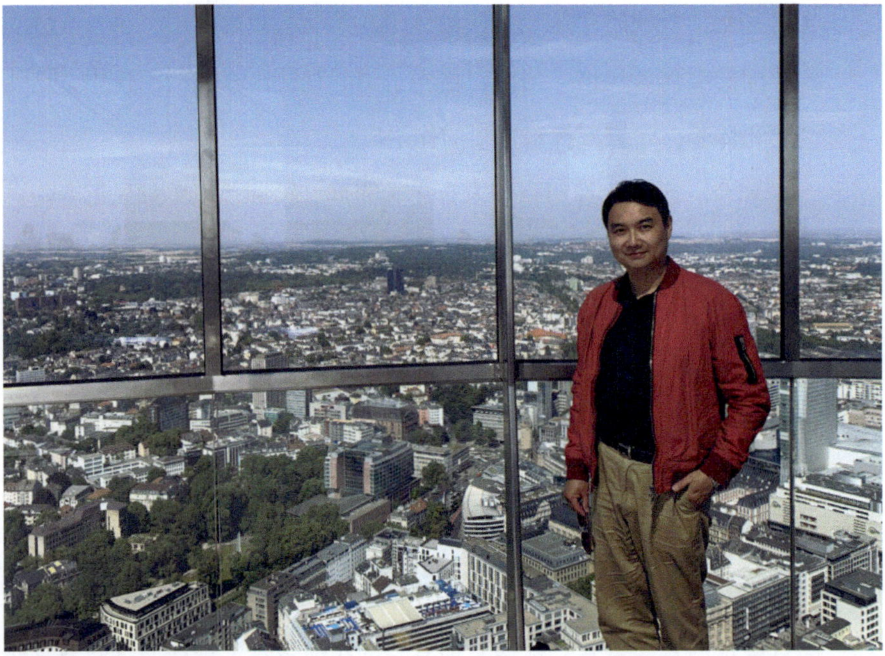

校友信息

姓名：徐旻

中学所学外语语种：日语

毕业年份：1993 年

本科阶段就读大学名称、专业：上海外国语大学国际经济与贸易（日语）专业

硕士、博士阶段就读大学名称、专业：上海外国语大学日语语言文学专业

从事职业（公司、职务）：上海外国语大学教务处副处长

命中注定与日语有缘

我是上外附中 1993 届日语班的徐旻，上外附中毕业后，我被保送到上海外国语大学国际经济与贸易(日语)专业学习，经过四年本科学习，直升攻读上外日语语言文学专业硕士，此后留校任教，在职攻读博士，成为上外日本文化经济学院的副教授，目前担任上海外国语大学教务处的工作。

结缘日语　情定上外

看我的学习、工作经历，简直就是"上外日语"一条道走到黑。30 多年来，"上外"元素已经刻入了自己的 DNA，而这一切的起点，就是1987年2月的某一天，在填写上外附中考试报名表时那个"随意"的选择，理由实在简单：一是没觉得能考上，所以语种志愿也就没太在意；二是好奇图新鲜，既然有英语之外的选项，那就挑个别的吧。

至于为什么是日语，现在想来，20世纪80年代中日关系的良好局面还是给了自己一些影响。1978年两国签订《中日和平友好条约》，在互利共赢的基础上，两国关系上升到一个新的高度。众多日本品牌进入中国市场，也出现在我们的生活中。常有人说我这名字就该学"日文"，这只是玩笑。但某种程度上，我和日语也是真的有缘。现在我也总和人开玩笑说，人如其名，从名字上就能看出我是做什么的。

感谢上外附中，给了我日语这一门"手艺"，也让我爱上了自己的"一技之长"。从学日语到教日语，同时还用日语从事各种口笔译实践，进而将第一线的经验带回课堂，为更多外语人才的成长提供有益的养分。最近这两年多，自己又转换角色投身教学管理，或许也是一种"出圈"，让自己跳出单纯外语学习、教学的圈子，从更宽广的角度投身"多语种+"卓越人才培养，这也体现了当下上外正在努力推进的"跨通融"战略。这一切仍然要归功于上外附中给我打下的"童子功"。

日语学习　戒骄戒躁

做出学习日语这个选择或许是受到了当年的时代大环境的影响，但学了之后发现自己挺喜欢日语的，就这么一路走下来了。从中学时代开始，与日语的朝夕相处，让我在日语学习上多了一份"佛系心态"，遇到任何困难时也不骄不躁，把"慢慢来"当作对抗挫折的法宝。现在回头想想，当时在附中打下的底子非常重要，对我之后的学习和工作都大有裨益。比如说听力课，当时在课上也会无法完全接受所有的知识，肯定会有没听懂的部分，但是多磨多练，慢慢也就好多了。语言学到一定程度，能够把所学化为所用，就会觉得学习还是比较自由而轻松的。

但我的日语学习生活也并不是一帆风顺的。我仍然清晰地记得大二时参加了JLPT考试，自以为考得不错，结果却出乎意料——是一个自己不满意的成绩。当时我拿到考试成绩时，甚至对自己的水平打了一个大大的问号。失败是早于成功的。没有谁的人生经历会是一帆风顺的。面对自己的选择，要有不忘初心的坚定，相信自己的未来。

AI当前　如虎添翼

最近各种生成AI技术突飞猛进，外语专业面临前所未有的质疑、困惑与忧虑。总体看来，自己还属于相对乐观派。我并不抵触AI对翻译的影响，但同时，我也想强调，作为专业外语人不能简单依赖AI。我们与AI并非对立，因为它是让我们如虎添翼的工具，但首先我们得是那只"虎"。我并不反对学生们使用AI翻译，但我也会和他们说，先自己翻一遍，再看看机器的成果，比较你们的区别，看能学到些什么。我一直认为我们应该是能够帮AI进化的人，如果我们不让自己达到能审核AI的水平，那么迟早有一天会被AI淘汰，这也是所谓的"自我低端化"。很幸运，上外附中给我们打下的就是不断走向高端的坚实基础。我们也看到母校的多语种人才培养不断探索创新，实现了更多的突破，也相信学弟学妹们一定有更精彩的未来。

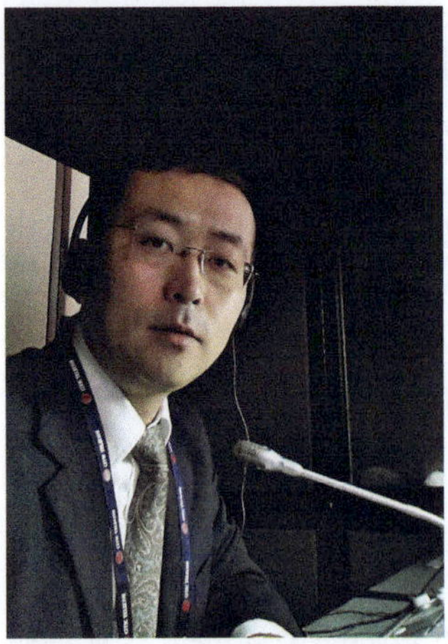

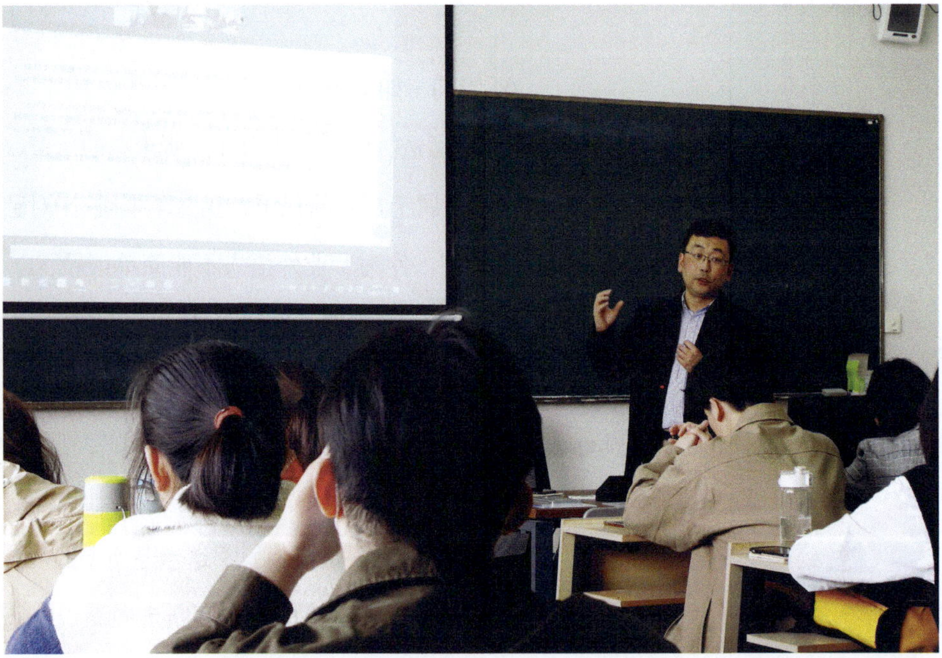

校友信息

姓名：余立越

中学所学外语语种：日语

毕业年份：1993 年

本科阶段就读大学名称、专业：上海外国语大学日语系国际贸易专业

从事职业（公司、职务）：上海外服控股集团股份有限公司总裁、党委副书记

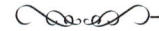

用语言理解世界，用知识认知未来：附中开启精彩人生

我是 1987 年进入上外附中的，在 3 班，属于日语德语班，我学的是日语。学习日语有时代背景。20 世纪 80 年代末，正值中日关系进入恢复期，经济层面，日本一些大型公司开始进入中国，比如三菱、伊藤忠、松下等等，民间层面的交流也开始增多，因此，学习日语也是当时的一种时尚。除了时代背景的原因，选择日语也有父母选择的随机性，更可能是由于入校考试时语言能力实在不行。母校的包容性也体现在此，上外附中其实并不是纯粹只招语言好的同学，更倾向于招一些综合性强的同学，当年的入学考试对综合能力和数学能力的考察也是比较多的。

改革开放初期，如果能掌握更多的外语，无论对就业还是对出国留学都会很有帮助。说实话，我并不喜欢也不擅长学习语言，当初学习日语五十音图的前五个字母就花了我整整一周的时间，这个开局并不尽如人意，却让我记忆深刻，也预示着我的职业生涯不能仅仅依靠外语技能。同样让我记忆深刻的，还有附中良好的学习氛围、耐心的老师们和朝夕相处的同学们。虽然日语学习过程枯燥乏味，但老师们总是鼓励我们，为我们建立信心；同学们也不会嘲笑彼此，而是相互学习，把同学当成学习路上的登山棒，相互支撑着走上知识的高峰。良师益友，也不外乎如是。

在附中我不能算优秀学生，但凭着寝室床号被分在1号床，自然当选为寝室长。这个岗位容易得罪人，苦活累活也必须带头干，我却做得有滋有味，虽然经常被寝室老师批评，却得到了室友们的认可，这种人生经历和体验伴随着我的职场发展。举一个小例子，当时我所在的寝室，纪律和卫生的评分在学校都是出了名地低，班主任前来调查到底是哪些同学不注意纪律、不讲究卫生的时候，我经常作为寝室长挺身而出，把责任全部揽到自己头上，因此也得到了更严厉的批评。可能老师也会觉得我是个坏孩子吧，当时的我心里暗暗想道。但若干年后回去探望老师的时候，我印象中当年批评我批评得最厉害的班主任徐老师跟我坦言，因为当年的我总是主动担责，所以她对我的印象一直很好。这件事情也让我觉得，进入职场以后，专业技能、工作水平、服务意识等等，都是可以后天去练就的，但人生的高度，往往还是取决于格局和视野。

除了主动担责的格局，母校还培养了我另外两种能力，使我受益终身，那便是自我表达能力和自主学习能力。在我的印象中，记不清是语文课还是每天早上的第一节课了，每个同学都要轮流去台上演讲，和大家讲一段见闻或近期关注的新闻。外语方面，也经常会有presentation的机会或要求。事实证明，语言还是需要表达，需要使用，需要交流，需要去理解人家的想法和很好地去表达自己观点。而到了高二高三的时候，课堂上往往不是老师们讲我们听，而是会邀请学习较好或善于用新思路解决难题的同学到讲台上来，给我们更多的锻炼机会，让我们在学与教的角色中不断切换，从而激发我们对学习的热情。时至今日，我已毕业多年，但在附中培养的自我表达能力和自主学习能力已经成为我人生的底色，一直伴我走到今天。

1996年我从上外毕业后就加入了上海外服控股集团股份有限公司，当年的名称还是上海市对外服务公司（以下简称"上海外服"），一直工作至今。从上海到外地，从分部到总部，从业务一线到管理层，经历不少岗位，见证公司发展的同时，自己也得到了发展。上海外服是一家以人力资源服务为主业的企业，服务涵盖了帮助大学生就业，我想这可能是母校让我分享成长经历的原因。

因为从事工作的关系，经常会被咨询到年轻人应该如何择业，如何将专业、技能和工作更好地结合。对于附中的同学们而言，虽然择业为时尚早，但需要开始培养格局、情怀和人文精神。当你在学习语言时，要懂得用语言来理解世界；当你在学习知识时，要懂得用知识来认知未来；当你在和同学相处时，要懂得以人为本、立己达人。这样的你就可以站得更高，看得更清，走得更远。

谈几点个人对于职场的体会。现代人的生活和工作方式正在变得多元化，常规就业、创业、打零工、兼职都可以，但必须认识到外部环境始终存在不确定性和复杂性，所以必须用确定性来应对不确定性，那就是顺应时代发展的大趋势。以我为例，我就职的上海外服是服务改革开放而设立的企业，响应了时代发展的号召，也顺应了时代发展的潮流。也正是公司连续30多年的快速持续发展，才让像我这样的一批人有了施展才华的舞台。所以首先要选择顺势而上的行业或岗位，要选择富有朝气、蓬勃发展的城市。当然年轻人初入职场总是从基础岗位做起，肯干、能干和干得成又是入职之初的关键表现。肯干不是加班，而是做得比领导预期的更多；能干不是证书，而是要守正出奇、敢干敢闯；干得成不仅要完成目标，还要能创造目标。

附中成立至今已有60年，学校承载着我的美好回忆，相信也一定是同学们精彩人生的开始！

校友信息

姓名：裘炜仁
中学所学外语语种：日语
毕业年份：1997 年
本科阶段就读大学名称、专业：上海外国语大学国际贸易（日语）专业
从事职业（公司、职务）：上海外高桥保税区园区招商引资和企业咨询服务

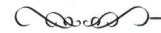

语言为桥，沟通中外与未来

20 世纪八九十年代，升学的信息并不像现在这么公开，也没有什么四校、神仙学校之类的说法。只记得五年级的一天，班主任老师说学校有一个报考上外附中的名额，学校准备把这个名额给你去试试，你要好好准备。后来就是参加笔试和口试，被学校录取为第一届的中预班学生。说起为什么会选择学日语，其实也没有什么特别的理由，能够进入上外附中学习已经是非常幸运的一件事情。虽然当时希望主修英语，但录取通知书上写了日语班，也就坦然接受了。

大学时候的专业是国际贸易（日语），中学时候学习过日语对于大学里的学习还是有很大帮助的。因为本科的专业是国际贸易和日语，中学的日语基础可以帮助自己更快地适应大学的日语学习进度，也能够让自己在国际贸易的专业知识学习方面投入更多的精力。中学时期打下的良好日语基础让我在同年级同学中脱颖而出，在大学三年级获得了到日本法政大学经营学部交换留学一年的机会。通过在日本一年的留学经历，我打开了眼界，加深了对日本这个国家的了解，磨砺了日语水平，也为之后的工作生涯做好了铺垫。

大学毕业以后我就一直在外高桥保税区从事园区招商引资和企业咨询服务的工作。外高桥保税区是中国第一个保税区，也是中国外向型经济的重要窗口，从20世纪90年代起就肩负着联通世界的重任。2001年加入公司的时候，正值东南亚金融危机结束，外资企业大举进军中国市场的浪潮开启，每天都会有很多的外国企业到外高桥保税区考察，洽谈投资项目。而在这众多的外国企业中，日本企业占比最高。当时，外语人才还是非常短缺的，因此我们一到岗位接受了一些基础培训以后，公司就要求我们能够独立接待客户，为日本企业提供各类咨询服务。从中学就开始学习日语、日本文化，使得我具备了流利的日语沟通能力和对日本文化的理解，而这些能力让我拥有了从容应对挑战的资本。

语言是工具也是沟通的桥梁，它帮助我能够更好地理解日本客户的要求并获取客户的信任。记得在一次聊天中有位客户提到，刚接到公司让他负责中国新公司筹备任务的时候，一直非常焦虑，担心人生地不熟、千头万绪不知道该如何开始，但到了上海见到了我以后，就有了一种非常亲切的感觉，因为我们可以用流利的日语与他交流，解答他的疑惑，还能够帮助他安排从公司成立、业务拓展到个人生活等方方面面的问题，让他可以在上海进退自如，很好地完成了公司交给的任务，新的上海公司顺利落户，业务也蒸蒸日上。这位朋友多年后回到日本总部，最终成为日本总部的社长，但我们之间还一直保持联系，平时公司有一些中国业务的问题也会第一时间找我沟通、咨询，我想正是初次见面时给客户留下的良好印象促成了这跨越十多年的友谊和纽带。

企业服务和咨询行业是一个与人有很强关联的行业，它提供的是智力的服务，需要的是综合的知识和能力，考验的是每个从业者的智商和情商。这个行业里能够取得成功的前提在于你如何与客户建立联系，如何取得客户的信任，如何运用自己的知识和能力、人脉和圈子为客户创造价值。一旦你获得了信任并创造了价值，那你将收获的是一份非常长期的合作关系，而这个稳固的合作关系又将赋能于你自己，帮助你获得新的能力和人脉。这种螺旋上升式的进步将形成一种良性循环，帮助我们不断打开自己能力的天花板，我想这也是这个职业能够长期吸引我们投入的原动力。

当今的时代，科学技术正在以前所未有的速度飞速发展，第四次工业革命即将到来。我们从 AlphaGo、ChatGPT 等平台的运用中可以看到 AI（人工智能）技术将会在不久的将来取代很多原先由人类从事的工作。对于现在在中学学习的附中新一代来说，为了能够在未来的职场上立足，我觉得首先还是要巩固上外附中在外语学习方面的优势。外语能够帮助我们接触到来自更多方面的信息和知识，是我们手中一件非常有利的工具，熟练掌握两门甚至三门语言一定会在今后的大学学习乃至职场中起到核心的作用。其次，我们要在其他的学科中拥有一技之长，今后的社会竞争首先比拼的就是我们的长项，让我们的长项更长就能让我们在今后的择校、择业中拥有更大的主动权。附中七年的学习生活、与同伴的朝夕相处，让我现在回想起来还能深深地感受到当年同学之间的那份真挚友情，愿在附中的时光都能成为各位同学人生中值得回味的美好记忆。

校友信息

姓名：任梦怡
中学所学外语语种：日语
毕业年份：1997 年
本科阶段就读大学名称、专业：北京外国语大学日语系
从事职业（公司、职务）：某中外合资企业办公室主任

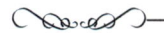

在成长的过程中领会语言学习的意义

我是附中 1997 届的毕业生，当年学习的是日语。回想中学时，我并没有把日语学习当作一件特殊的事来对待，也没有特别为学习这门语言去"下苦功"，它对我而言似乎只是一门和语文、数学平行的科目。直到进入大学后，日语成为我的主修专业，外语学习才占据了我生活的大部分。

从附中毕业后，我通过保送考直升北外，在一个由来自全国各地外国语学校的学生组成的班级中，进阶学习日语。由于同班同学们都是日语高起点，取得好成绩并非易事，我也加倍努力地学习。我们那时候互联网还不发达，小语种的学习资源很有限，老师便会让我们去买能够收听国外频道的收音机，通过收听一些国外的节目来完成听力练习。随着接触日语的时间越来越长，我发展出了一些语言生的本能——在后来看日剧、日本电影或者阅读各种日文原版材料时，都会下意识地关注其中的用法，比如主人公用了什么词汇来表达某种心情等，我也在这个过程中不断积累日语知识，提升日语水平。

尽管从升入初中起我就与日语为伴，但学生时代的我其实还不能完全明白语言学习的意义，也时常感到迷茫，觉得小语种使用的人少，相比英语这样的国际通用语言用处有限，而且学习的过程似乎也不总是充满乐趣的。记得高考前后北外的招生老师来附中宣讲，说北外引入了和日本本土一模一样的茶室，这样的文化体验对我产生了极大的吸引力，让当时的我感到很新奇，也对大学心生不少向往。但到后来真正上了茶道课，我却发现自己对茶道所要遵循的烦琐步骤并不那么感兴趣。站在现在的角度回望，语言学习对我来说总体是一段有苦有乐的经历。

大学期间，我们的很多实习实践都集中在翻译领域。我去过公司会议、展览会、座谈会等场合做过临时翻译。毕业时，我也有考虑过往翻译的方向发展，但又觉得成为一名专业翻译依然任重道远。于是最后我决定不给自己的求职方向设限，只是希望日语能够在工作中成为一技之长，发挥用处。后来，我机缘巧合地进入了一家中日合资企业工作，工作中涉及许多专业术语的日语表达，虽然在学校没有学习过，但因为有良好的日语基础，我也能很快地掌握和适应。学生时期，我没有去过日本留学或交换，第一次去日本是在工作后。多年的语言学习给了我很大底气，无论是在公司和日本同事交流，还是去日本出差工作，我都不曾为无法实现和母语者对话而担心。

随着工作的逐渐深入，我与越来越多的日本人相识并建立友谊，这使我愈发感受到能够自如地驾驭一门外语是一件很棒的事。我们公司的大部分人其实并不会说日语，涉及和日本同事沟通时，需要翻译的帮助，但我可以直接使用日语表达我想说的，这大大降低了我和日本同事的沟通成本，提高了工作效率。我总认为，即使是有再准确的翻译，原本的表达经过了一层转化，也多少会和最初的原意有一点差距。语言是媒介，直接用同一种语言交流更有利于双方的理解，拉近彼此的距离，从而使工作更加顺畅。

此外，我能用日语了解日本的文化，学习日本人的处事方式和工作习惯，并从中汲取值得借鉴的方面，这对自身成长也是有所助益的。工作以后令我感触最深的是，日本人的安全意识特别强。我们公司的历任领导们始终把人的生命安全放在第一位，时时刻刻强调企业安全教育的重要性。比如在工厂走动时，我们必须要做到"指差称呼"，也就是在通过一个路口的时候，要用手指去指左边指右边指前面，眼神也要同时去关注这几个方向，确认完旁边是没有危险的，才能通过那个路口。在工厂时，如果我们一边看手机一边走路，也会受到严肃的提醒，因为这是不安全的行为。我现在也会把这种安全意识传达给我的孩子，要求他在生活中注意安全和对自己的保护。

从附中毕业已经二十余年，现在我可以说，熟练地掌握一门外语大大丰富了我的人生，对我的工作和生活都有很大帮助。关于语言学习，我最大的感受就是没有捷径可走，多读多听多看是关键。我读书时，附中的日语老师比较少，流动性也大，我们换过好几任日语老师，现在的语言教育相比那时一定更加专业了。上次回附中，发现教学楼也都已翻新，不管是软件还是硬件都进步了不少。希望学弟学妹们好好利用资源，为自己创造语言环境，让语言真正成为自己的优势。

校友信息

姓名： 张灵

中学所学外语语种： 日语

毕业年份： 1997 年

本科阶段就读大学名称、专业： 上海外国语大学国际贸易（日语）专业

研究生阶段就读大学名称、专业： 上海外国语大学国际贸易学专业

从事职业（公司、职务）： 某日资互联网企业内审中心负责人

附中赋予我的……

犹记得三十多年前，我和妈妈到了上外附中的报考现场才发现需要填报三个语言志愿。事先没有做过功课的我们不免有些懵。白羊座的妈妈发挥了果断决绝的性格特点，继"英语"后为我填上了"日语"，理由很简单：日本离中国近。就这样，原本以为考上后便能开始英语专业学习的我被分到了当时的"小语种班"学习日语。这确实出乎全家人的意料。

高中毕业时，我不愿放弃学习了七年的日语，而且当时上外已经开设了复合型专业，所以我选择参加直升考，并如愿保送至上海外国语大学日本文化经济学院国际贸易（日语）专业就读。中学阶段打下的日语基础使我顺利通过了大学入学后的日语跳级考，最终用三年时间完成了本科阶段的学习，随后又保送至上外国际经济贸易管理学院攻读硕士学位。

毕业后我在一家日本大型综合商社工作了六年半，有幸作为日方代表之一全程参与了该商社与中国大型国有企业组建合资公司的过程以及该合资公司的日常经营。作为一名刚刚走出大学校园的学生，能够看到一家企业从组建到经营的全貌并参与其中，是一段难得的经历，而我目前的工作也得益于我的这段经历。

回顾从初学日语至今的三十多年，国际、国内环境和双边关系等都发生了巨大的变化。记得在高一时，有企业劝说我父母让我直接签约工作，也听说当时大一大二的学长们都已早早地被日本名企"预定"。现在看来，这些都已成为历史。我们无法改变时代的步伐，也常常置身于各种意外之中。并非每个人都有能力改变大环境，但我对自己的要求是从容、坚定，做好当下，使自己有机会、有能力做出当下最适合的选择。

虽然我离开母校已经二十多年了，但非常关注母校的变化与发展。仅仅从"小语种班"到"双语种班"的变化就能看到，在日新月异的外部环境中母校从未故步自封，她始终在不断地调整，不断地往前走。在坚持为学生提供多样化发展平台、提供多通道出口方面母校依然是国内的佼佼者。从中短期来说，这是附中学子在做升学选择时最大的优势。从长远看，成长在这样一个多样化的平台，和不同性格、不同特长爱好的同学互助互补，能具备良好的协作和沟通能力；通过多语种的学习，开阔眼界，了解更多地区的文化、历史、意识形态等，能兼具国际视野和民族情怀；在一个多元、包容的环境中不断试错，发现自我、认清自我也是在日后的工作和人生中迎接挑战的最大底气。

人生无限，所有的付出与习得都会以某种方式回报于你。

校友信息

姓名： 朱顺德

中学所学外语语种： 日语

毕业年份： 1997 年

本科阶段就读大学名称、专业：上海外国语大学国际贸易（日语）专业

研究生阶段就读大学名称、专业：上海外国语大学国际贸易专业

从事职业（公司、职务）：上海市锦天城律师事务所合伙人。

以语为媒，以法为业

日语缘起与附中印象

我上学时，我们都叫英语以外的语种为"小语种"。33 年前我报考母校上外附中时，考生需要填写三个语种志愿。我依次填写的是英语、日语和德语。对于"小语种"，我和家人了解甚少。选择日语的初衷可能是因为 20 世纪 90 年代初，除了英语国家外，和中国经济往来最密切的就是日本。最终母校录取我学习日语，我服从"分配"。

回顾我在上外附中的学习时光，附中的教育方式让我至今印象深刻。我上初三时，上外附中语文特级教师谢光宇老师布置了一次作文作业，让我们写一篇说明文，题为《上海的建筑》。这次作业给我们几星期准备时间，并且不限字数。当时还没有网络，同学们需要自己在图书馆翻找纸质资料，有些同学甚至用掉了一两本作文本写这篇作文。其实这项作业就是在初步培养同学的资料搜集和分析研究能力。今天看来，谢老师的教育思路和方式都是非常超前的。

日语"马拉松"

高中毕业后，我保送至上海外国语大学日本文化经济学院的日语国际贸易专业，本科毕业后保送进入上海外国语大学研究生院学习国际贸易专业。作为日语高起点学生，进入大学后，我的语言类专业课是跳级上课的。当然日语专业课的成绩也帮助我后来能被选拔公派赴日留学，所以中学阶段的日语学习让我在大学阶段得到了实实在在的好处。不过我想说的是：学习乃至人生都是长跑而不是短跑，优势一定是来自坚持不懈而不是提前起跑。

因为在校期间通过了司法考试，我走出校门后就进入了一家知名的日本律师事务所从事律师工作。近20年来，我一直从事涉外（特别是涉日）法律业务，说"吃日语这碗饭"也不为过。回首往事，如果当初没有学习日语，我很可能不会进入律师行业；即使进入律师行业，也不会成为一名以日本业务为主的涉外律师。学习日语完全改变了我的人生轨迹。不仅如此，受到我的经历的影响，我家族的后辈中有几位都选择了日语专业或赴日工作、生活。

通过语言理解他者，反诸自身

我非常期待和欢迎上外附中的学子能认真考虑今后选择从事法律行业，当然如果做律师那就更好不过了。律师行业乃至法律行业的工作媒介是语言文字。每个国家的法律制度都是建立在其本国语言文字之上的。这一点我相信即使在人工智能得到进一步发展后仍然不会发生改变。

希望上外附中的学子通过"语言"这扇窗户去理解"他者",然后反诸"自身"。学习外语的学生走出国门后其实会经历一定的文化冲击。这种冲击不仅仅是国外文化造成的,更是通过切身体验另一种文化,看到自身与他者的差异,从而意识到本国文化的真实面貌。如果一直待在国内,难免陷入"只缘身在此山中"的局限感。

希望同学们能够去理解社会的运转逻辑,去感受和洞察人心。最后,如果你有缘投身律师行业,希望你能够坚持公平与正义的信念,勿忘法律职业的社会责任。

校友信息

姓名：张晗俊

中学所学外语语种：日语

毕业年份：2002 年

本科阶段就读大学名称、专业：复旦大学应用化学专业

从事职业（公司、职务）：某日本互联网公司中国子公司财务总监

日语学习对我的帮助

附中为我打下了扎实的日语基础

最初报考上外附中的时候，我对这个学校并没有太多了解。我读书的年代信息比较闭塞，只能从校名上知道上外附中是一所以外语见长的学校；甚至是到参加考试填写志愿的时候，才知道原来附中还提供英语以外的小语种教学。

学习日语最初是父母做的决定。20 世纪 90 年代中叶是日企逐步进入中国的年代，我母亲当时也在日企工作，认为学习日语会对未来就业有所帮助，便帮我选择了这门语言。回过头来看，这是一个很正确的决定。

在附中学习语言和在其他学校有很大不同。作为一所以语言学习为特色的学校，附中的外语课时很多，相比于其他学校可能一周只有几节英语课，我们一天就有两个课时的外语学习。而且小语种班级的规模小，我们当时日语班只有十个人，小班化教学让老师能够照顾到每个人的进度，更加深入讲授知识。此外，我在校学习期间，每学期都有日本外教来给我们上课，这对国内日语老师的教学起到了很好的补充。外教会以母语者的思维来传授语言知识，常常在课上给我们讲一些日本的成语和故事，让语言学习的过程变得生动有趣。

对于我来说还有非常特别的一点，那就是初中时我们班来了一位转学生。虽然他是中国人，但从小在日本长大，日语比中文熟练很多。我和他是很好的朋友，我也在跟他相处的过程中学习了许多日语表达，这让我对语言环境的重要性深有感触。

高中的时候，我第一次去日本交流。去之前我内心十分忐忑，尽管我已经学习了几年日语，但我从未24小时身处在一个纯日语环境中，不确定自己能否真正流利地使用日语。到那边以后，发现日常生活中的对话基本都能顺利完成，我也感到非常欣喜。

工作后，日语再次回到我的生活

我高中时是理科生，后来通过高考进入复旦大学化学专业。大学学习期间，我选修了一些和日本相关的文化、经济类辅修课。由于中学学习日语时对日本的文化、历史等有一定了解，因此这些辅修课都获得了很好的成绩。尽管如此，由于日语和化学专业关联甚微，大学期间我没有再进行系统的练习，对这门语言也变得有些生疏。

毕业后我开始求职。最初其实并没有想过未来的工作还会和日语相关，但我收到的工作 offer 很大一部分却都是因为日语特长获得的。

诚然，我认为英语学习非常重要，但是英语学习者很多，竞争激烈，除非水平出类拔萃，不然在找工作时难以成为明显的优势。小语种则不然，并且由于当时日企在国内的数量远多于其他小语种国家，这就让我在找工作时优势很明显。

我的第一份工作是在普华永道会计师事务所，专门服务国内的日本企业。进入公司后，我接触了很多日本客户，也经常用到日语，关于这门语言的知识记忆被迅速唤起。在事务所期间，我被派往日本工作了2年，纯日语环境加上之前的语言功底，让我的日语水平在这段时间内突飞猛进。之后，我更换的工作也大多是在日本集团的驻中国公司内担任管理职务。由于我的直属领导都是日本人，所以工作时间内也基本以使用日语为主，这门语言在我的工作和生活中扮演着越来越重要的角色。

现在，我对于日语的使用甚至比中学时期更加游刃有余。曾经通过书本学习的知识在实际和母语者交流的过程中不断被验证，让我在讲日语时更加自信。去日本游玩时，能够实现无障碍交流也大大提升了旅途的体验感。我希望日语技能持续在我的工作和生活中发挥作用。

珍惜系统学习语言的机会

语言是人类交流的基础，小到个人、公司，大到国家、整个世界的发展，相互间的交流是不可或缺的，因此语言学习非常重要。如果能掌握多种语言，不管是对个人未来职业发展还是开阔眼界都有莫大帮助。日语学习也为我打开了新世界的大门——正是因为频繁地使用这门语言，我逐渐对日本文化产生了兴趣，也开始喜欢看一些日剧和日本的综艺。

能够在上外附中系统地进行多语种学习很难得，外加现在信息获取便捷，各国的电视剧、电影等都很容易接触到，这些对于语言学习来说是很好的资源。熟练掌握一门外语绕不开多听多读，希望优秀的学弟学妹们珍惜机会，好好努力。

　　另外，我认为英语学习也不能忽视。现在许多孩子从小就学习英语，语言学习能力肯定胜过我们这代人了。在我读中学时，附中还没有为小语种班级提供额外的英语教学，我便通过课外补习班学习《新概念英语》，补齐英语基础。后来进入大学，我英语学习也不曾懈怠。除了校内的必修课，我还坚持自己学习上海市中级口译、高级口译的内容来提升英语水平。听说现在附中的课程体系变为英语必修，辅以小语种教学。我觉得这点改进是非常好的。英语作为最国际化的语言，有很高的通用性，希望学弟学妹们认真学习，夯实自己的语言基础。

校友信息

姓名：张怡

中学所学外语语种：日语

毕业年份：2002 年

本科阶段就读大学名称、专业：复旦大学经济学院国际经济与贸易专业

从事职业（公司、职务）：瑞穗银行（中国）有限公司资金部总经理助理

小语种和金融——我的国际化之路

我是 1995 年进入附中学习的，我所在的 3 班是一个有英、日、法、德四个语种的多语种班级。小学的时候大家都只接触了英语，因此在附中入学考试填报语种志愿时，我看到除英语之外，还有德、法、日三个语种可以选择，觉得很新奇，便依次填了一遍。后来收到录取通知书，看到自己被分到了日语班，觉得除了英语可以再学一个语种也不外乎是一件美事，毕竟当时除了英语之外，其他语种的学习渠道并不太多，附中给我们提供了非常难得的小语种教育资源。

2002 年从附中高中毕业之后，我进入了复旦大学经济学院国际经济与贸易专业学习。当时正值中国刚刚加入世界贸易组织不久，各个高校的国际经济与贸易专业都热门非凡，复旦的国际经济与贸易专业更是当年复旦录取分数线最高的一个专业。我高考的日语成绩是143分，我们班级有多位同学的日语成绩都是在140分以上的。日语班11位同学中，5人考入了复旦大学，2人考入了上海交通大学，1人考入了中国人民大学，还有1人考入了上海外国语大学。在高考每分必争的情况下，外语选择小语种考试在考分上还是有一定优势的。进入了大学之后，因为会说日语，我有机会参与了一些和日本高校大学生之间的交流接待活动。

大学本科毕业之后，我进入了瑞穗银行（中国）有限公司，一直在资金部工作至今。瑞穗银行（中国）有限公司是日本三大银行之一的瑞穗银行在中国成立的现地法人银行，资金部等同于中资金融机构的金融市场部门，是负责银行整体资金管理、外汇交易、债券投资和衍生产品交易等的核心部门。我之所以从事现在的工作，在很大程度上与附中阶段的小语种学习是分不开的。附中阶段的日语学习，再加上大学阶段经济学院的专业背景，使我很自然地进入了日资银行工作。附中高素质的外语教学水平使我具备了熟练的日语听说读写综合能力，无论是在日常工作中与日本同事的沟通交流，还是在业务上接待日本客户时，都得到了很好的运用。

我当初之所以想去银行工作，是因为我觉得金融行业是一个和所有的行业都有着密切关联的行业，而银行又是其中的基础，通过在银行工作可以让自己了解和学习整个社会的经济活动是如何运转的，从而提高自己对事物的认识和判断能力。金融行业是一个与时俱进、不断创新的行业。随着全球经济一体化的深入发展，跨境金融将成为金融行业的重要发展方向。目前金融行业的跨境投资和全球资产配置就已经有了一定的规模，将来随着中国金融市场的进一步开放，人民币国际化将吸引更多的外资参与国内金融市场。

金融行业是一个复杂且竞争激烈的领域，对于理想的候选人来说，应具备几项重要的特质：分析能力、解决问题的能力、团队协作能力、对新环境和挑战的适应能力、专注和耐心、专业知识和良好的沟通能力等等。其中我觉得专注和耐心以及良好的沟通能力是非常关键的两点。金融行业往往需要长时间工作，处理复杂的任务，需要有专注和耐心，能够在压力下保持冷静和高效。金融行业的工作往往需要与人交流，无论是与客户、同事还是上级，良好的沟通能力都是至关重要的。在人民币日趋走向国际化的今天，金融行业更是经常要面对世界各地的客户，除了英语之外的多语种能力在金融行业中也是一个很好的增强自身竞争力的工具。

对于在附中学习多语种的学弟学妹，希望大家能够同时掌握英语和另外一门语言，这样在未来全球经济一体化进一步深入、跨境金融进一步发展的环境下，能有更大的发挥空间和前景。希望大家充分利用附中得天独厚的外语教学资源，在少年阶段多掌握几门外语，成为一个国际化的多语种人才。

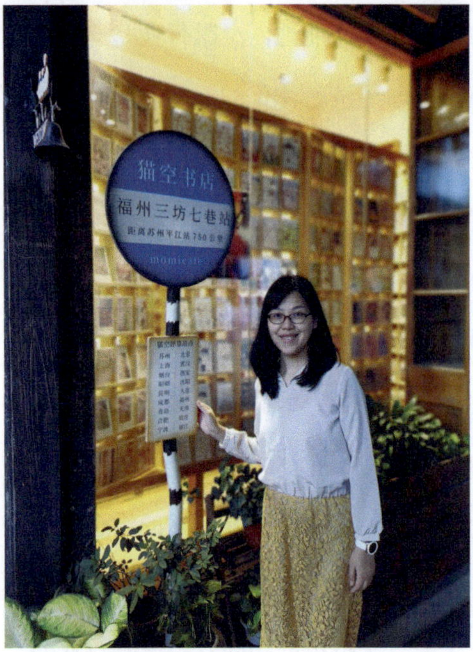
猫空书店
福州三坊七巷站
距离苏州平江站750公里

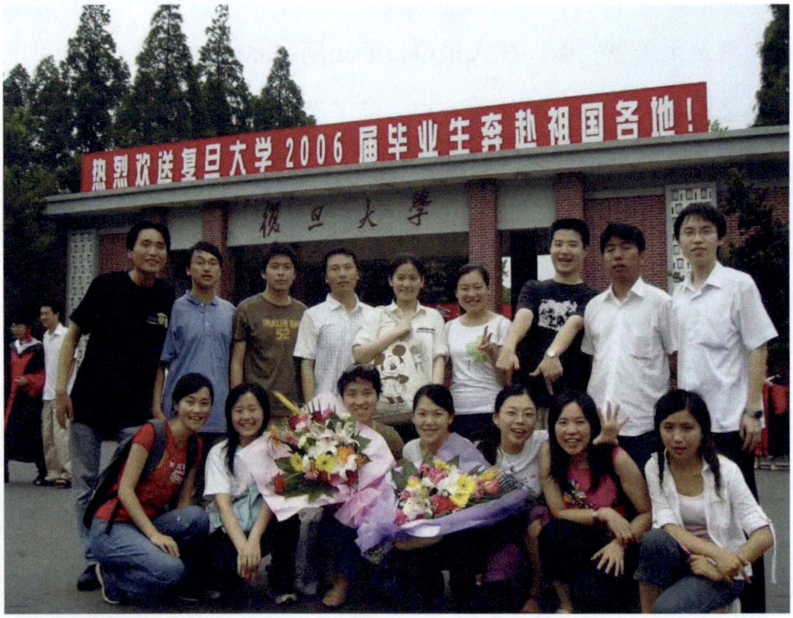
热烈欢送复旦大学2006届毕业生奔赴祖国各地！
復旦大學

校友信息

姓名：蔡瑞珺

中学所学外语语种：日语

毕业年份：2004 年

本科阶段就读大学名称、专业：北京外国语大学日语文学专业

从事职业（公司、职务）：上海外国语大学对外合作交流处

从附中出发，踏上对外交流之路

进入附中学日语也许是一个"双向奔赴"的过程。首先是学校方面，上外附中本身就具备多语种特色，且管理有方，教师团队专业，给同学及家长以信任感。个人方面，我填报志愿意向时就选择了小语种，选择了日语，觉得开拓一种新的人生可能性也未尝不可。现在看来，在附中学习日语是一个明智的选择，附中的教学与环境为我打下了坚实的外语基础，开启了我的对外交流之路，让我受益匪浅。

还记得预备班进校园时就看到并不新的主楼侧面亮晃晃地写着"培养外语外交人才的摇篮"，顿感自己何等幸运，能在这里学习中文，学习外语，学习交流。附中七年的学习及住校生活一晃而过，从预备班到高三，从跟着老师像婴儿学语般到背单词、写作文、练口语、备战高考,老师辛苦,学生上岸。附中注重夯实发音、书写和语法等基础知识,拓展阅读、听力、口语等提高项目,用今天的话来讲可以说是"非常给力"。附中的教学方法对我影响深远:其一,在附中起步,基础扎实,一个音的发音、组词、造句,有规律有节奏的循环,深入DNA;其二,重视大量阅读理解的训练,锻炼思维和独立思考能力;其三,重视口语,把外语说出口,至少在课堂上不"社恐"。

另外,我们每周设有外教课,老师会引入具体情境讲授敬语,让我们分角色给动漫配音,为我们提供更加真实、生动的语言学习环境,让我们感受到不同文化的魅力。外教会从母语者的角度纠正我们的语音、语调和表达方式,我们通过反复听、模仿和练习,逐渐掌握日语的基本表达,也不再惧怕与外国人打交道。老师们非常耐心地指导,学生们每日勤学苦练,循序渐进,提升外语能力,为跨文化交流打下了坚实的语言基础。

除了日常教学,附中举办的各项文化活动也是别具一格,为我们提供了人文交流的机会。例如我们初中、高中都有homestay活动,邀请日本学生朋友到中国人家里度周末,让我们有机会与母语者交谈,互相学习并加深对对方文化、生活习惯的了解,实现了跨文化的双向交流。

同样让我记忆犹新的还有学校举办的"外语活动周"活动。每年大家都会为了"外语活动周"兴奋一段时间,从筹备节目、思考主题和表演方式到排练、演出,每个同学都积极参与,乐在其中。我记得我们日语班同学排练了日本民间故事《仙鹤报恩》,演出集体舞蹈《世界上唯一的花朵》,还学习了日本传统服饰——和服的穿戴方式并亲身体验。这个面向全校的活动能够增进师生之间的互动和同学之间的合作，挖掘个人潜力，让同学们锻炼综合素质，增长见识，也增强了我们学习外语的兴趣。附中一直以来给我的感觉是：学习要好好学，演出也要好好演，可以说是"德智体美劳"全面发展的真实体现。

可以看到，不管是外教课、homestay 活动中与外国人的交流，还是丰富多彩的"外语活动周"活动，附中都着眼于学生跨文化能力的培养。这些活动有助于我们了解并尊重不同文化的差异，培养我们跨文化的敏感性、沟通能力、文化意识和文化适应能力等。

得益于附中对学生外语能力和跨文化交际能力的培养，毕业后，我一直从事对外交流工作，更深刻感受到多语言能力的重要性。我相信，大家学外语都会有这种感受，那就是外语不光学的是发音、语法、考证书等，到后来慢慢会学到一种不一样的思考方式，体会到不一样的风土人情，特别是在国外留学或工作的朋友们会更有体会，这就是一种跨文化。做好对外交流工作需要有过硬的政治素质和宽广的视野，洞悉国际大势，了解国内时事，用发展的眼光看待全局，还需要了解对象国的文化传统，换位思考才能换来民心相通。交流是双向的，需要具备语言组织能力、口语表达能力，爱沟通，会共情，有抗挫力，有一颗真诚的心。

我想对在附中学习多语种的学生朋友们说，咱们是幸运的，珍惜这个机会。学习一种语言就要努力学好它，不管是眼前的考试，还是今后的职场，甚至是自己的人生，你都会终身受益。学习了多语种，也可以默默问问自己擅长哪个领域？对什么专业比较感兴趣？能不能两者结合起来，成为多语种＋的复合型人才？一起加油！

校友信息

姓名： 陶婕

中学所学外语语种： 日语

毕业年份： 2011 年

本科阶段就读大学名称、专业： 早稻田大学国际政治经济专业

从事职业（公司、职务）： Veeva Systems Inc. China R&D Service Senior Consultant

在自己热爱的赛道上找到价值

在语言学习中收获乐趣

最初报考上外附中时其实并没有计划学习小语种，记得分班考前填志愿，我的第一志愿是英语，第二志愿是法语，最后看见录取通知书上写着"日语"时整个人都是懵的。后来选择入学日语的原因，是觉得选择小语种的人生应该比选择英语的人生更难预测，或许也会有更多可能性。

在附中学习日语是一段很有趣的经历，无论是课堂内还是课堂外，我们都有许多丰富多彩的活动。我们这届的日语老师是许亦寨老师，他会在课堂上给我们看日本电视剧、动画片还有电影。记得他当时给我们放《名侦探柯南》，不单单要求我们能听默其中的台词，还要求我们能够学着为动画片配音——这个过程帮助我们内化地道的日语知识，学到了很多课本上没有的表达，同时也给了我们运用和输出日语的机会。

当时我们还有一名外教，他的课也很有意思。有一次，他举办了一个诗歌比赛，让我们尝试用日语去写诗，这对于我们这些初学者来说是不小的挑战。写的过程很痛苦，但最终，我在那个比赛中获得了一等奖。其实我以前很少在日语考试里得第一名，可能都是第二第三，但是在那个比赛中拿了第一，我就觉得特别开心，也给了我更大的动力去认真学习这门语言。

附中还有一个传统活动，是一年一次的国际文化周。在这个活动中，每个语种的班级都要排演相应语种的情景剧，最后会从每个年级选出一些剧目去更大的舞台上表演，我们班应该有两年都被选上了。这样的活动对大家来说特别有参与感，因为从最开始的剧本写作，到之后的排练和最后的呈现演出，每一个环节我们都要亲力亲为，是很特别和难忘的体验。

在实地交流中感受文化

高中毕业后，我通过学校的校长推荐制度，入学了日本早稻田大学的国际政治经济专业。因为在上外附中打下了扎实的日语基础，出国后经过短暂的调整期，很快就完全适应了全日语的专业课程，甚至是有地方口音的老师。学习之外，我也会参加社团活动以及打工。即使在打工接触社会时，也从未因为日语的原因受到任何阻碍。

因为当时在上外附中，我们不单单有语言课程，还有和日本社会、文化相关的课程，以及接收日本同龄人 homestay 和去日本同龄人家里 homestay 的机会。

初中时，我前后接受过三个日本女生来我家 homestay，我会带他们去城隍庙、东方明珠这些地标性的景点游玩。尽管那时候学习日语才两三年的时间，但也已经能用简单的表达完成交流会话。后来高中时，我也去其中一个日本女生的家里 homestay。那时候让我印象特别深刻的是，我在那个女生的家里从来没有看见过她的爸爸，因为她的爸爸永远在阁楼上，不跟我们一起吃饭，似乎也不参加家庭活动。日本人在家里泡澡会用同一缸水，一般都是她的爸爸先泡，我作为客人是第二重要的，他们会让我在她爸爸泡完之后进去洗澡。现在看这可能是很正常的文化差异，但那个时候还是给了我很大的震撼，让我知道原来世界上还有和我们不一样的生活方式。

正因为在附中学习时，我已经通过各种各样的渠道对日本的社会和文化积累了一定认知，所以真正开始留学生活后，我的整体适应周期非常短，也能很好地融入当地的同学和朋友圈。

在职业发展中探索志向

大学毕业后，我留在日本工作了 6 年多。在日本时，我先后在两家公司就职，在第一家公司负责 ERP 软件的功能设计和开发，之后加入日本埃森哲担任 IT 咨询顾问，负责企业数字化转型的项目。去年，我回国发展，选择了致力于为生命科学行业提供创新性云解决方案的 Veeva 公司，为中国相关企业提供产品实施交付和咨询服务。

为这个世界带来哪怕一点点积极正向的变化，是我一直以来的初心和动力。过去 10 年，全球生命科学行业对研发端数字化转型的投资不断增加，作为一个与生命及健康深度相关的行业，通过数字化转型为研发能力及研发效率赋能尤为重要。近年来，随着国内政策和市场的变化，国内创新药异常繁荣。数字化转型可能为中国企业的管理转型和技术转型提供全新的机会。这也是我理解的现在所从事工作的意义。

从第二家咨询公司开始，因为语言优势，我经常会参与到跨国的大型项目中，承担起各个国家和团队间 communication hub 的角色。在一个跨国项目中，理解各个国家的人的工作习惯十分重要。比如在开展一个项目时，可能欧美的人相对比较乐观，觉得产品可以先上线，之后出现了问题再去调整。但日本人是另一种思路，他们会认为要在前期解决所有问题后，产品才能正式投入市场。这两种思维一碰撞，就容易产生矛盾。作为一个站在中间的人，我不能完全站在这一边或者那一边，而是要理解两边的想法，在尊重双方的基础上帮助他们调和矛盾。从事咨询工作会接触各行各业的人，尊重多样性是一个非常重要的因素，我相信多语种的学生在学习和接触新语言的过程中，会自然而然地培养起这样的价值观。

最后，希望学弟学妹们也能在自己热爱的赛道上找到自己的价值，不断收获成就感，坚持初心，不惧挑战，不懈努力，享受人生。

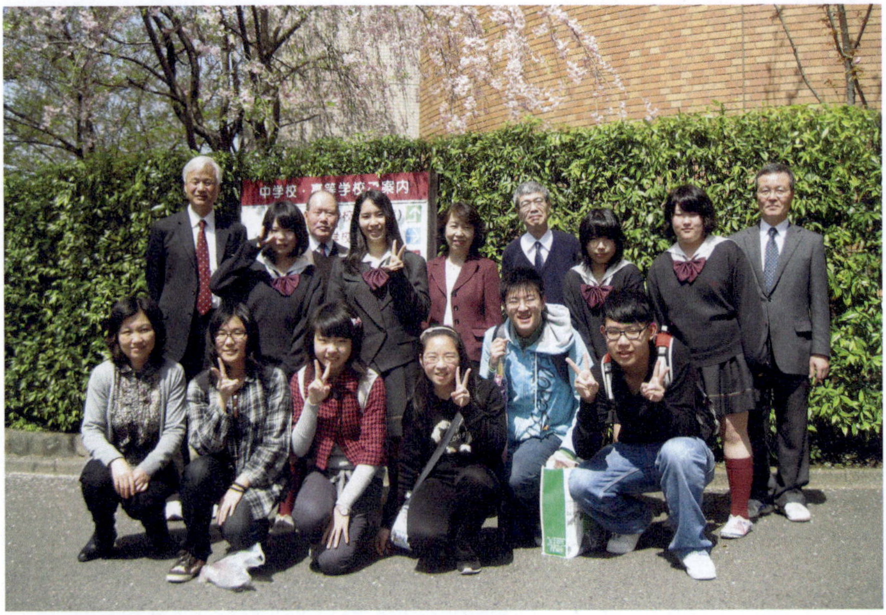
中学校・

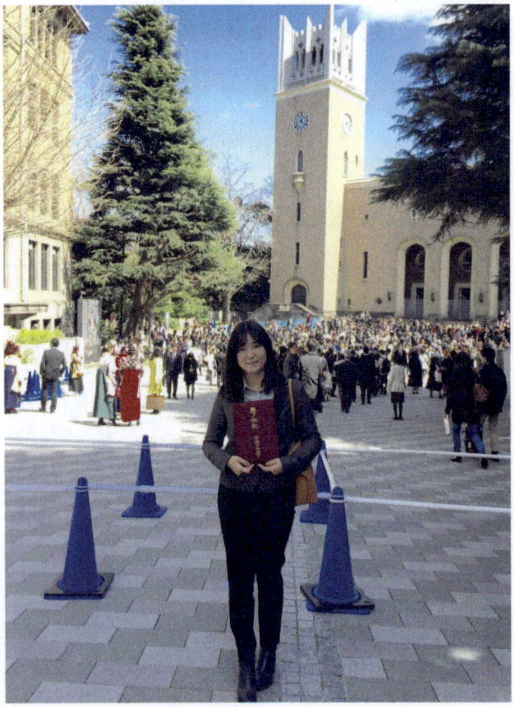

校友信息

姓名：任乙文

中学所学外语语种：日语

毕业年份：2013 年

本科阶段就读大学名称、专业：早稻田大学商学部

研究生阶段就读大学名称、专业：格勒诺布尔高等商学院国际商务专业

从事职业（公司、职务）：毕马威（中国）企业咨询有限公司高级咨询顾问

从听见到听懂

一个普通工作日的下午，我突然收到部门大老板群发的一封邮件："谁会日语？请立即回复。"坐在长条办公桌最右端座位的我，立刻受到了整排小伙伴的注目礼。我在大家疑惑夹杂着羡慕的目光中回复了邮件，并很快被安排了一个服务日本客户的日语项目。

作为一名战略咨询顾问，我目前正在为一家日本设备制造业公司实施供应链改革与本土化的项目。相比于欧美企业，在华日企普遍存在高级管理层都是日本人的现象，他们是每三到五年更换一次的外派人员，自然是不会说中文的。不管是突击学习还是配备翻译，他们都无法真正跨越与中国员工之间存在着的巨大语言鸿沟，这阻碍了他们与员工之间的沟通，也阻碍了公司的进一步发展。此时，就需要我们这类咨询公司提供帮助，挖掘客户需求，将发现的痛点转化为具体课题，形成正式的咨询项目。在这类项目中，语言能力往往是处理相关问题的基础。比如,偏战略规划的项目需要频繁和日方高层进行直接沟通,力求更高效地理解高层的战略意图;实施落地为主的项目则需要和中层管理有更多磋商协调,清楚地翻译、传达意见,促进各方达成共识。然而,语言并不是沟通的全部,在意思传达、意义领会的基础上,要达成真正的互相理解,需得辅以背后的思考逻辑和文化背景。我曾经听过日本籍战略副总抱怨下面的员工"答非所问,没法有效率地沟通",也看到过中国人科长错把委婉的否定当成肯定去盲目执行。一份没有本土化的日式管理表可能在折磨中国员工的同时,也让日本领导看着填写完的表格内容无语凝噎……很多时候,文化背景的差异,是产生矛盾、激化问题的导火索,会最终演变为阻碍企业发展的阿喀琉斯之踵。这一切可能只是源于一个表达和理解的误会。

日语,作为工具、敲门砖,赋予我服务日企客户的基础能力,在初期能快速和客户拉近距离,建立信赖关系。同时,在上外附中的长期学习——不光是语言的学习,也包括对其背后文化和思维的探究,在很大程度上帮助我建立了更广阔的视野,深化了理解能力,在各种沟通中能更敏锐地觉察到盲点,从而推动问题的解决。

对日本社会文化知识的积累源于在附中潜移默化的长期学习。那时,我们除了学习基础日语技能,还会根据日本历法体验日本传统节日,了解这些节日背后的故事和传说。除此之外,学校里每年一度的重大事件——国际文化周也让我印象深刻。准备日语短剧演出的排练场景、为一个细节七嘴八舌讨论的热闹和嘈杂、完成表演后牵手谢幕的高光时刻,都让我对我所学的语言更为了解,也更为热爱。同老师和同学们一起度过的有趣经历不仅加深了我们的感情,还让那些关于日本社会文化生活的内容从纸上呆板沉默的文字变成鲜活生动的记忆,为如今工作中的文化认知能力打下坚实的基础。

其实，在有些小细节中，也能体现出学习日语潜移默化中带来的玄妙影响。在偶然的一次在长期驻场的客户公司门口等车的间隙，我和面熟的门卫大叔聊起之前在日本留学、会说日语的话题，大叔以一副恍然大悟的表情说道："怪不得！看你每次进出都和我们点头打个招呼，原来是学日语的！"学习一种语言的过程中，越深入，就越需要对其文化内涵的体察。若总是从母语思维出发进行机械翻译，肯定是说不出"地道"的表达的。反过来，外语的文化也会不知不觉浸染我们的思维方式、行为习惯，不妨也取其精华，将自己认同的部分进行内化。

当然，如果过度执着于所学习的语种，也就相当于给自己圈定了界线。从早稻田本科毕业后，我去了法国读研，回国后从事了这份咨询顾问的工作。虽然也有不少日企项目，但英语还是主流，近来以中文交付的项目也越来越多。小语种作为一个加分项不能独立存在，而是要和行业所必需的其他能力相辅相成，其中最重要且关联的就是沟通能力和人际交往的软实力，把外语从掌握到应用，将沟通从听见到听懂！

校友信息

姓名：周轶豪

中学所学外语语种：日语

毕业年份：2013 年

本科阶段就读大学名称、专业：早稻田大学社会科学专业

从事职业（公司、职务）：某日系公司财务担当

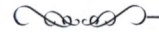

附中七年，编织我的"宝藏口袋"

　　小时候看动漫的时候，每个小朋友应该都会羡慕哆啦A梦的那个百宝袋，里面无所不有，面对任何情况，口袋里总能找到合适的工具。尽管动漫看得津津有味，但那时我从未想过有一天会接触到日语这门语言的艺术，更不用说去到这个"陌生"的邻国学习、工作。这一路上，我遇到过各种各样的困难与挑战，每当这时，我在脑海中搜索出的破局之钥都深深地刻有"上外附中"的烙印。

　　语言是附中教会我的核心技能。进附中后，当我得知有机会学习小语种的时候，当时的想法还很懵懂，单纯觉得如果在英语之外，我要是能再会一门别的语言，那好像是一件蛮酷的事情。面试之后，我被分到了日语班。虽然刚开始内心稍许失落，毕竟日语并非我的第一选择，但是这种失落很快就随着全新的知识带来的新鲜感而烟消云散了。然而，从头开始学习一门体系完全不同的语言说到底不是一件易事。刚开始的时候，因为没找到方法，我的成绩并不是特别好。好在附中的老师们没有因此而放弃我，徐老师、成老师都非常耐心，还会把我叫到办公室里单独辅导那些我没掌握的知识点。外教坂井老师也是如此，在后来我大学升学时他也提供了很多的建议和帮助。在老师们的合力帮助下，我渐渐找到了一些学习的技巧，课后时不时地自己会去找些相关的人文、服饰、旅行等方面的书来提高一下自己的兴趣，了解这门语言背后不一样的魅力。久而久之，学习一门新的语言也就没这么难了。

  附中毕业以后，我独自赴日留学。刚到一个陌生的国度，大家都难免有不习惯的地方，但附中七年为我打下的语言基础让我更快地适应了新的环境和新的生活。此外，附中的多语种课程体系让我在学习日语的同时，英语也没有落下，这成了我来到日本后的一个优势之处。就比如我现在就职的公司虽然是一个传统的日系公司，但也正致力于向海外发展，我的英语优势能够让我获得更多海外市场调研分析的机会，也顺利进入了公司的海外交流人才库。

  除了语言技能，附中的七年还改变了我的性格。如今在工作抑或是在生活中，我似乎更倾向于用"外向"来形容自己，然而事实上从小我一直是偏内向的性格，在人多的场合不善表现，恐惧上台。"由内而外"的性格变化与胆量的增加完全有赖于附中的培养。如果说我语言学习的进步是通过老师们温柔耐心的教学，那么我胆量的锻炼则是附中在七年间用大大小小各种各样的舞台"逼"出来的，小到教室里课前演讲的讲台，大到国际文化周、民族魂活动演小品的舞台，附中生生地让我对这样的场合逐渐"脱敏"，甚至开始试着主动地接触更多的人，尝试体验更多新鲜的事物。在毕业后刚到日本的时候，我还是会有一点惧于主动向新同学们介绍自己，但是附中的经历让我比自己预想的更勇敢，在短暂的"羞怯"之后开始快速融入身边的社交关系中。

另外，附中对素质教育的全面提倡培育了我的探索精神。记得当时的日语课还有语文课前都会有很多演讲，无论是要介绍某样东西或是阐释一个观点，为了完善自己的演讲，都需要去做充分的事先准备，要求我们自己去搜集相关的各种资料。相比于老师"灌输"式的讲授，这样的环节帮助我养成了自主探索的习惯。我现在工作的部门有来自不同国家的同事，性格也各不相同，但我发现大家的共通点就是都很爱学习，遇到不清楚的地方都会用各种方式去找到答案。不要放下求知的脚步，遇到不懂的问题更要迎难而上，这是当时附中在潜移默化中注入我脑海中的意识，让我受益至今。

事实上，附中主张的探索不止于个人的层面，课堂内大量的小组讨论，课堂外的国际文化周等丰富的活动，都要求学生们一起合作，共同完成同一个目标。在这些相对自由的集体探索空间中，大家畅所欲言，开放性地接受彼此的想法，通过交流讨论弥合分歧，融合统一。这些活动不仅训练了我的团队协作意识与沟通表达能力，更重要的是打开了我的视野，在交流中，让我意识到想法的多样、观点的多元，也让我对探索广阔的世界产生了极大的兴趣。

今年是我从附中毕业的第十年，工作中，我正积极寻求海外交流，以期与更多不同国家的人们打交道，获得更为国际化的视野；工作之余，我享受旅行，在未曾踏足的地方，与素昧平生的人交流，接触新鲜的事物，追赶时代的潮流。而这一切，都正是源于十年前附中教会了我的语言，磨炼了我的性格，培养了我的探索精神。感谢附中，为我编织了一个无形的"宝藏口袋"，如同动漫里的那个宝藏口袋一样，里面承载了无尽的本领与未来无限的可能。

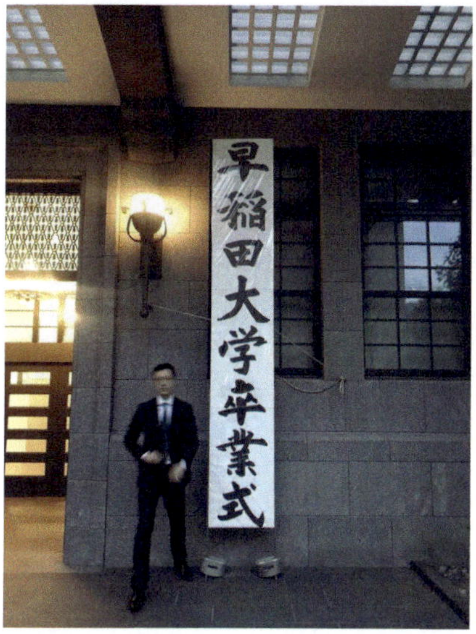
早稲田大学卒業式
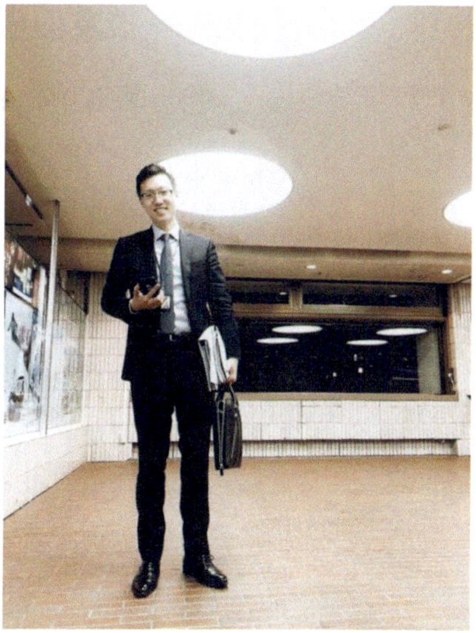
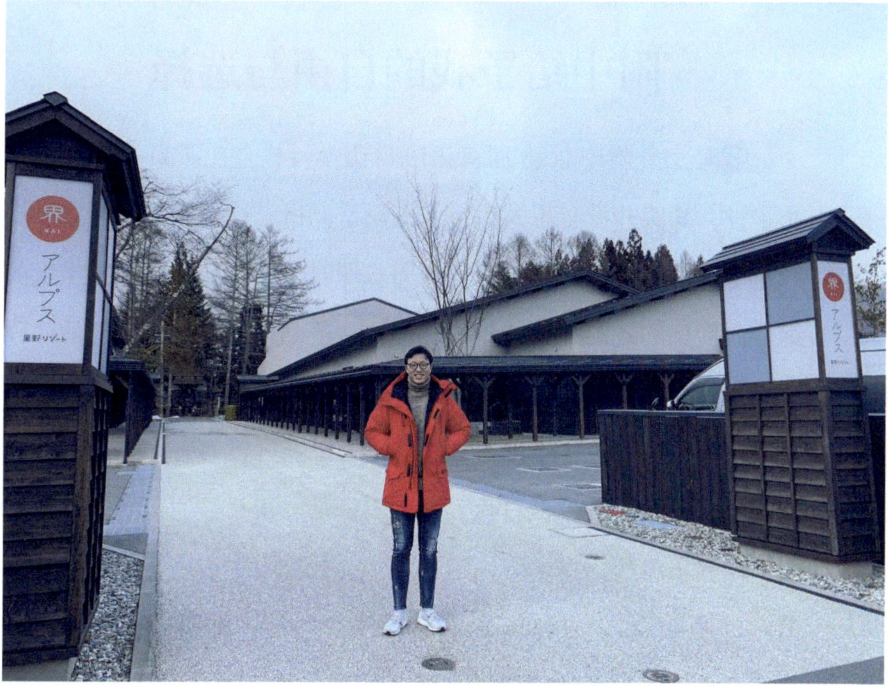
界
KAI
アルプス
星野リゾート
界
アルプス

校友信息

姓名： 季诗侬

中学所学外语语种： 日语

毕业年份： 2016 年

本科阶段就读大学名称、专业： 早稻田大学国际政治经济学专业

研究生阶段就读大学名称、专业： 纽约大学临床心理咨询专业

从事职业（公司、职务）： 康奈尔大学亚太裔社区连携心理咨询师

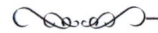

附中给予我的自由与选择

我是上外附中 2016 届双语班日语学科毕业生。最初选择学习小语种，其实并没有想太多。大概只是觉得，这是一个在公立学校教育中不可多得的宝贵机会。一周八课时的小班教学，和大学里前前后后修读的各类外语选修课程相比，俨然是奢侈。（题外话：我在本科阶段出于文化研究的兴趣，陆续修了法语、德语、土耳其语、冰岛语和巴斯克语，虽然对于这些语言，我并没有多大把握可以流利对话，但学习的过程对我来说，更像是一次社会语言学的田野调查。而对语言和语言学的兴趣的种子，是在附中的七年间深深扎根的。）我不仅可以通过学习一门新语言，了解一种不同的文化语境，拓宽自己认知和表达的边界，更获得了一种前所未有的自由——阅

读文学尤其是诗歌的自由。大概还在我念初中的时候，曾读到校刊《红秋千》或《青青草》上学长写的，"诗歌在翻译中死去。"我仿佛看到方块字里细微的弦外之音在首字母缩进的行间消解。从此，我面对各种各样的文本，都抱持着一种不甘于 lost in translation 的敬畏心。

高三择校时，我经由指定校推荐制度，获得日本早稻田大学政治经济学部的保送录取。在日本留学期间，我不仅有机会使用日语学习如政治哲学、公共政策、宏/微观经济学等专业课程，也在学生活动中交到了许多志趣相投的日本朋友。我曾数度参与学生芭蕾舞团的全幕舞剧的演出和制作，同时兼任模拟联合国社团的会议监督一职。附中为我打下的语言基础，让我能够以国际学生的身份，过上一种"置身事内"的生活——这意味着，大家不再重复初见面时惊叹于"哇你日语说得真好"的客套话，真正把我当作他们中间的一员看待。

在日本学习公共政策的经历，让我在感受到世界之大、制度系统之复杂的同时，也看到了东亚视角的局限性。单一民族国家中过分强调协同和统一，而选择性地忽视了个体的独立性和主体性。于是我先后做出了两个决定。一是去美国交换留学一年，在弗吉尼亚大学的政治学系体验另一种视角。在这基础上，我意识到自己其实对宏大叙事和数字不感兴趣，我真正关心的，是每一个人活生生的经历、感受和想法，而不是统计学代码里流过的一个数据点。这个想法，在 2020 年初新冠疫情爆发后得到了进一步确证。当生活被迫摁下暂停键，当全天下的苦难都与我有关，我重新思考生活的意义。

于是就有了第二个决定，我选择在硕士阶段跨专业学习临床心理咨询。这听起来或许是个一百八十度大转弯，但对我来说，只是一套底层逻辑的两种实践方式——自上而下，或自下而上。我去到纽约，在纽约大学完成了两年的学业后，现在在康奈尔大学学生心理咨询中心担任心理咨询师，在通常的咨询工作外，也负责亚裔学生的社区连携工作（community liaison）。作为现团队中唯一的亚裔、拥有国际身份且可以用包括中文在内的四种语言提供服务的咨询师，我不仅有更多机会和在这里学习的国际学生一对一地开展咨询工作，也能利用自己的影响力，为他们争取更多的理解和资源。

因为种种原因，美国的高等院校虽然走在吸纳留学生的热潮前列，却并没有在学生服务方面做到对应的配备。隐形的歧视和偏见（micro-aggression）对学生造成的伤害长期以来被主流叙事忽视。

现在我的来访者中，有约 40% 是说中文的学生，20% 是说英文的国际学生，40% 是美国本土学生。我非常感激在附中双语班修读小语种的同时，也没有落下英语的学习。这使我能自信地接下这份"靠说话吃饭"的工作。

现阶段我的理想是在高校心理咨询系统中用自己的辐射能持续推进 DEI（diversity 多元、equality 平等、inclusion 包容）的工作，为来自不同文化背景、持有多种交叉身份的学生创造平等的、获得照护和支持的机会。可以做的事情有很多，甚至可以小如在中秋节当天早上给同事们群发一个邮件，告诉他们这件事对很多亚裔学生来说意味着什么，又将如何影响他们的情绪体验。

心理健康服务行业目前在国内也受到了越来越多的关注。虽说行业规范还有待确立，但仍然是个有巨大需求和发展潜力的朝阳产业。我相信，随着相关知识的进一步普及和公众意识的进一步提高，未来在国内高校的心理咨询体验也会越来越好。

最后，我想感谢附中的老师在我毕业后对我的关心和支持，包括但不限于朋友圈点赞的形式——特别是我的日语老师成超老师，高中两年的班主任董伟军老师，以及语文老师张喆老师。我也感谢在附中的同窗们，尤其是我的人生伴侣杨康宁同学。他现在正在斯坦福大学攻读应用物理学科的博士学位。虽然我们分居东西两岸，但在十余年的相处过程中积累的信任足够支持我们先将各自的事业暂放在第一优先级。

校友信息

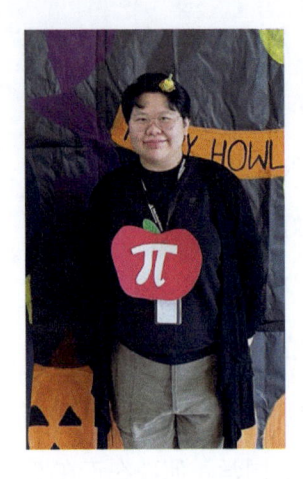

姓名：赵雨

中学所学外语语种：日语

毕业年份：2016年

本科阶段就读大学名称、专业：不列颠哥伦比亚大学食品营养学和教育学专业

研究生阶段就读大学名称、专业：不列颠哥伦比亚大学教育学及语言教育学专业

从事职业（公司、职务）：加拿大某公立学校教师

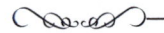

附中为我埋下"世界"的种子

现在的我是加拿大一所公立学校的老师，所教的学生主要处在初二到高三的年龄段，和我在上外附中学习时的年纪相仿。自附中毕业后，我身体力行地进行跨文化实践，加拿大正是我的第一站。由于学习和工作的原因，现阶段我计划留在加拿大，但未来我憧憬着去更多的国家，学习不同的语言，体会多样的文化，在秉持中国底色的基础上、在跨文化的旅程中拥抱世界，成长为一个"世界人"。而正是附中，为我播下了这颗名为"世界"的种子。

之所以选择附中，最初是因为想学习外语。我的母亲毕业于英语专业，后来从事对外贸易，一直在和外语打交道，许多亲朋好友也都在海外生活和工作。这样的环境让我从小就对外语很感兴趣，上外附中无疑是我最理想的学校。和很多人一样，小时候的我迷恋于观看动画、电影，在一方屏幕中呈现的各式各样的故事，激起了我对世界的好奇心，进一步点燃了我学习外语的热情，我渴望能与来自各个国家的人交流，体验各种不同的异域文化。在众多作品中，日本的动漫对小时候的我吸引力最大，因此，当我有机会进入上外附中学习多语种时，日语水到渠成地成为我的选择。

如果说，小时候的我以为语言是跨越国界交流的主要工具，那么长大后，我逐渐意识到语言更像是一把钥匙，用它可以打开背后庞大的文化体系。附中在七年的时间里，不仅教会了我语言，更为我学习文化提供了丰富的平台。每周一次的外教课上，坂井老师总是给我们分享日本的文化和习俗，还不时组织一些相关的小活动，比如川柳写作比赛。日语组的老师们在新年之际，也会带来过年时的游戏道具，一起体验日本的年俗文化。在课堂之外，附中的国际文化周聚集了所有日语班的同学和国际部的日本留学生，共同表演节目，让我们深度了解彼此。印象最深刻的还是三次接待日本小学生的住家交流（home stay）。这一活动不仅为我的日语实战提供了宝贵的机会，还让我能够"足不出户"就了解到日本家庭的生活习俗。在此过程中，我也带领日本学生体验中国传统文化，了解上海的本土特色，实现跨文化的双向交流。这些经历进一步增长了我对外语学习和文化交流的热情。

附中不仅丰富了我的跨文化交流经历，还充分锻炼了我的性格。刚进附中的我有些内向，害怕上台做演讲，但是日语老师们要求我们必须进行日语演讲。刚开始的时候我几乎可以说是被逼着硬着头皮站上去的，久而久之却也逐渐开始有勇气去面对听众演讲。而现在，我更是成为一名老师，每天都需要面对整个课堂的学生，这在我进附中之前是完全不可想象的。

就这样，在附中多元、包容、开放的氛围下，我探索的勇气与好奇心不断生长，让我在毕业后选择奔向更广阔的世界。选择大学时，因为学习日语的原因，我起初考虑前往日本深造，但后来因为家庭的因素，最终决定去加拿大留学。在日语的赛道上走了七年之后，突然的变道让我一度有所担忧。加拿大属于西方文化圈，与此前我所熟悉的东亚文化截然不同。然而，附中七年教给我扎实的英语能力和探索世界的勇气与热忱，让我勇敢地来到这个此前规划之外的国家。

另外，加拿大以英语和法语为官方语言，我也担心学习的日语缺少施展的机会。但实际上，尽管日语使用的比例降低了，但依然在我的学习和工作中发挥着重要的作用。本科时，凭借日语的优势，我能够阅读许多日语的文献原文，理解日本学者在相关领域的研究成果。如今的教学工作中，日语也意外地为我提供了助力。我的班上有三名刚从日本转来的学生，初来乍到的他们难以适应全英文的教学环境。而我所在的城市，日裔移民相对较少，当地教育局对日本留学生提供的支持也因此较为有限，学校里通常没有懂日语的老师，因此他们的跨文化适应过程显得颇为艰难。上课时，他们总是想要用手机拍下课件再用翻译软件去理解，课后也很少与当地的白人学生交流。在注意到这一情况后，我主动用日语与他们交流，在巡视课堂时，悄悄用日语给他们解释作业要求和一些实验操作的步骤。此外，我还给他们提供了课程涉及的专业单词日英对照表等资料，帮助他们更好地理解课程内容。他们对于在异国他乡遇到一个会说日语的中国老师显然颇为惊讶，但更多的是惊喜，于是他们非常信赖我，常常主动与我分享他们的内心感受。在逐渐适应环境后，我也同样惊喜地发现他们在课堂上不再沉默逃避，开始跟上课程进度，也愿意与班上其他同学交流。

事实上，尽管我目前供职的学校还是以当地白人学生为主，但跨文化在加拿大的课堂上是一个非常热门的话题。我在课堂上也会特别注意向学生们介绍来自不同文化的各种习俗，分享我的个人经历，正如当年附中的外教们教我们时一样。我之前开过一节烹饪课就特意介绍了世界各地的饮食文化差异，展示了不同的菜谱和一些当地特有的食材，课程的作业就是让学生们尝试根据菜谱实践做出一道菜，并写下他们对于该文化的一些理解，学生们对这样的课程和作业的反馈也很积极。

多年前附中为我种下一颗"世界"的种子，自我毕业以来，这颗种子萌发、生长，鼓励着我行走世界、勇敢探索。现在，当我站在讲台上时，我也希望将这颗种子继续播种下去。

附记

中华人民共和国成立以来，中国外语教育已走过70余年的发展历程。中国外语教育发展至今，始终与时代发展同频共振，与国家命运紧密相连。解放初期，为了适应国家政治和经济建设的发展需求，中国大力发展俄语教学，30余所大学开设了俄语系，并成立了7所俄文专科学校，其中包括上海外国语大学的前身——华东人民革命大学附设上海俄文学校。20世纪50年代中后期，英语教学规模迅速扩大，一些高校开始设立法语、德语、西班牙语等专业。60年代初期，中国国际交往日益频繁，国家对外语人才的需求愈发迫切。在1960年初召开的外语教育工作研讨会上，周恩来总理提出了外语教育发展的九字方针——"多语种、高质量、一条龙"，为中国外语教育的发展指明了方向。在这一方针的指导下，中国开始布局基础教育阶段的外语教育，在一些大中城市设立外国语学校，开设多语种教学，致力于为高等教育阶段提供高起点的多语种优质生源，培养更多语言基础扎实、专业能力突出、能够服务国家外交外事事业的高端外语人才。

外国语学校自创办至今已经走过一个甲子的时间。从"老七校"的"星星之火"，到目前广泛活跃于全国各地的蓬勃发展之势，外国语学校已经成为中国基础教育领域的一支重要的中坚力量，为基础教育的改革发展，特别是为国家外语外交外事预备人才的培养作出了重要贡献。

立足新发展阶段、面向服务国家参与全球治理、推动构建人类命运共同体、推动共建"一带一路"高质量发展、加强国际传播能力建设等重大战略需求、培养具有全球竞争力的高素质国际化专门人才成为新时代外语教育的历史使命。围绕国家战略人才亟需，上海市提出了实施上海市多语种人才早期培养工程，自2021年启动上海市关键语种人才早期培养项目以来，积极探索构建基础教育和高等教育衔接贯通的多语种高水平人才培养模式，旨在通过试点探索，逐步构建完善大中小各学段贯通的多语种卓越人才培养的"上海模式"，为中国进一步深化改革开放、积极参与全球治理做好人才储备和供给。目前，该项目围绕教师队伍建设、教研能力提升、培养模式优化和教学资源构建等方面开展了诸多理论和实践研究，在全国多语种教育领域形成了良好的示范效应。

"多语学习启示录丛书"是项目的又一探索，是全国首套中学多语种优秀毕业生系列访谈录。本套丛书编者通过对上海市乃至全国的多语种特色中学毕业生的访谈，以回忆、自述的形式，多维度呈现多语种毕业生的学习经历、思考感悟以及职业生涯规划体会等，进而总结和推广中学阶段多语种人才培养的成果和经验，为新时代多语种教育、卓越外语人才贯通培养提供重要参考。本书选取上海外国语大学附属外国语学校（简称"上外附中"）作为"多语学习启示录丛书"的首册。作为1963年首批设立的外国语中学，上外附中始终与国家共命运，与时代同进步，坚持把办学的定位和方向融入国家和时代发展的大局之中，既继承红色办学传统，形成鲜明办学特色，又在服务"国之大者"中实现学校自身的快速发展，为国家外交外事战线培养了一大批优秀人才，被誉为"培养外语外交人才的摇篮"。本书以上外附中的多语种优秀毕业生为切入点，向社会呈现这所被誉为"培养外语外交人才的摇篮"的外国语中学所蕴含的强大能量和独特魅力。

后续"多语学习启示录丛书"也将继续推进构建多语种学习者的交流平台，通过汇聚更多多语种优秀毕业生的声音，透过不同时期多语种学习者娓娓道来的体悟分享，彰显外语人在每个时代发展阶段始终胸怀"国之大者"、积极迎接外语教育面临的机遇和挑战的主动而为的精神，以此呼应时代赋予外语教育的责任和使命。

孙键
2024 年 3 月